내 마음의 주치의

— *Jesus als Therapeut* —

Anselm Grün: Jesus als Therapeut
© by Vier-Türme GmbH, Verlag, D-97359 Münsterschwarzach Abtei

내 마음의 주치의

2012년 11월 22일 교회 인가
2014년 10월 1일 초판 1쇄 펴냄
2021년 2월 12일 개정 초판 1쇄 펴냄
2024년 4월 15일 개정 초판 4쇄 펴냄

지은이 · 안셀름 그륀
옮긴이 · 최용호
펴낸이 · 정순택
펴낸곳 · 가톨릭출판사
편집 겸 인쇄인 · 김대영
편집 · 김소정, 강서윤, 박다솜
디자인 · 유소진, 송현철, 강해인, 이경숙, 정호진
마케팅 · 안효진, 황희진

본사 · 서울특별시 중구 중림로 27
등록 · 1958. 1. 16. 제2-314호
전자우편 · edit@catholicbook.kr
전화 · 1544-1886(대표 번호)
지로번호 · 3000997

ISBN 978-89-321-1761-4 03230

값 15,000원

성경 © 한국천주교중앙협의회, 2005

이 책의 한국어 출판권은 (재)천주교서울대교구 가톨릭출판사에 있습니다.
저작권법에 의해 한국 내에서 보호를 받는 저작물이므로 무단 전재와 무단 복제를 금합니다.

가톨릭의 모든 도서와 성물은 '가톨릭출판사 인터넷쇼핑몰'에서 만나 보실 수 있습니다.
http://www.catholicbook.kr | (02)6365-1888(구입 문의)

| 상처입은 영혼을 위한 예수님의 내적 치유법 |

내 마음의 주치의
Jesus als Therapeut

안셀름 그륀 지음 · 최용호 옮김

가톨릭출판사

추천의 말

이 시대의 예언자,
언어의 마술사

우리가 흔히 사용하는 말 중에 "너 미쳤니?" 하는 말이 있습니다. 그러면 상대방은 "그래, 나 미쳤다, 미쳤어." 하면서 목소리를 돋웁니다. 큰 모욕을 당한 기분이 들어서지요. 이처럼 우리는 어떤 사람을 두고서 "저 사람 미쳤어."라고 하는 것을 아주 큰 욕이라고 생각하는 경향이 있습니다.

그런데 다른 사람들을 미쳤다고 하는 사람들은 대개 자신이 정상이라고 생각합니다. 과연 그럴까요?

심리학자 프로이드는, '정상인은 약간은 비정상적인 사람'이라고 했습니다. 속언으로 약간 맛이 간 상태가 정상이란 것입니다. 이것은 배를 보면 알 수 있습니다. 파도가 심한 바다를 항해하는 배들은 약간은 옆으로 기울어져 있습니다. 파도가 심한데도 똑바로 가는 배는 없습니다. 이처럼 인생이라는 파도를 헤쳐 가는 사람들은 약간은 비스듬히 기울어진 채로, 즉 약간은 비정상인 채로 살아간다는 것입니다.

흔히 사람은 논리적이고 객관적이라고 생각하지만, 영성심리학자들은 사람이란 감성적이고 충동적이고 약간은 미성숙한 존재라고 생각합니다.

이런 우리에게 요즈음의 사회 환경은 아주 심한 스트레스를 안겨 줍니다. 신문이나 방송 어디를 보아도 제정신이 아닌 사람들이 저지른 일들이 우리 마음을 더욱더 미쳐 가게 합니다. 사람들은 기사나 화면을 보면서 조금씩 더 제정신이 아니게 되어 갑니다. 그들은, "저런 자식은 때려죽여야 해." 하는 등의 폭언을 퍼부으면서 자신의 마음이 무너져 감을 느끼지 못하고, 자신의 배가 서서히 침몰해 감을 느끼지 못한 채 살아갑니다. 이러다가 정신 병원이 모자랄 지경이 되는 것이 아닌가 하는 쓸데없는 걱정까지 들 정도입니다.

사실 이런 일은 인류의 역사에서 계속되어 온 일입니다. 과거를 돌아보면 사람들이 이성을 잃고 심한 분노에 휩싸여, 침몰해 가는 배처럼 살았던 일이 비일비재했습니다.

그런데 그런 때마다 이 세상에는 하느님의 섭리로 빛을 전하는 사람들, 마음의 위로를 전하는 사람들, 인류의 몰락을 경고하는 사람들이 나타났습니다. 이들은 사람들이 처한 상황을 나름의 삶을 통해 위로하고 경고하면서 인류 공동체가 무너지고 미쳐 가는 것을 막으려고 애썼습니다.

이들을 예언자, 혹은 현자라고 칭하는데 이 책의 저자 안셀름 그륀 신부님은 마음이 무너져 가는 사람들에게 위로를 전하고, 치유해 주는 이 시대의 예언자입니다. 저자는 세파를 멀리하고 마음의 청정함을 유지하는 수도 생활을 하기에, 저자의 글에는 독특한 향과 맛이 있고, 지친 마음으로 살아가는 사람들에게 따뜻한 위로를 주는 매력이 있습니다.

많은 사람들이 안셀름 그륀 신부님의 글을 통해 수도원의 향취를 느껴 보기를, 그리하여 서서히 무너지고 미쳐 가는 마음을 추스르는 시간을 갖게 되기를 간절히 바라는 바입니다.

천주교 서울대교구 가톨릭 영성 심리 상담소장
홍성남 마태오 신부

머리말

인류 최고의 영성 상담가 예수님처럼

저는 20여 년 전부터 뮌스터슈바르차흐 대수도원에 있는 교육관 레콜렉시오 하우스Recollectio-Haus에서 교회에서 일하고 있는 사람들의 영성 상담을 해 왔습니다. 그중에 많은 사람들이 자신이 하는 일에서 피곤을 느끼고 지쳐 있었습니다. 이들은 대부분 제게 자신의 걱정거리를 털어놓을 수 있도록 개별 면담을 청했지요.

이렇게 영성 상담을 자주 하다 보니, 궁금증이 생겼습니다. 예수님은 어떤 방식으로 영성 상담을 하셨을까? 어떤 방식으로 사람들에게 말을 거셨고, 어떤 방식으로 사람들을 대하셨으며, 어떤 말씀으로 그들에게 감동을 주셨을까?

성경을 읽을 때, 예수님은 아픈 사람들을 고쳐 주시는 치유자의 모습으로 제게 다가오십니다. 치유자뿐만 아니라 대화 상대자와 이야기꾼의 모습으로도 다가오시지요. 그리고 그분이 하신 많은 말씀은 제게 내적인 도전이 됩니다.

저는 오래전부터 예수님의 치유 방식을 묵상함으로써, 그분이 지니신 치유의 지혜가 오늘을 사는 우리에게서도 결실을 맺기를 바랐습니다. 예수님의 치유 방식에 대한 묵상을 통해 우리는 예수님과 만나게 되고 이로써 자신의 또 다른 모습을 발견하게 됩니다. 우리가 성공적인 인생을 사는가 그렇지 않은가는 자기 자신을 어떻게 이해하느냐에 달려 있기 때문이지요. 또한 이 묵상은, 오늘날 각자가 지닌 여러 가지 심리적인 문제를 치유받고 싶다면 어떻게 예수님을 만나야 하는지를 보여 줍니다.

우리는 성경에서 예수님이 아픈 사람들을 고쳐 주신 이야기를 읽으면 크게 감탄합니다. 그렇다면 성경 속 인물이 아닌 오늘날 마음이 병든 우리는 어떻게 예수님을 만나 치유될 수 있을까요? 이것은 제 자신에게 묻는 질문이기도 하지요.

그래서 저는 자기 자신을 더 이해하고 싶은 사람들을 위해 이 책을 쓰기로 했습니다. 이 책은 여러분이 성공적인 인생을 이루는 데 도움을 줄 것입니다. 또한 이 책은 마음의 문제로 괴로워하며 거기서 벗어날 돌파구를 찾는 사람들을 위한 것이기도 합니다. 그뿐만 아니라 영성 상담가로서의 저와, 저처럼 상담가로 일하는 모든 사람들을 위한 책이기도 합니다. 영성 상담가로 일하는 사람은 예수님의 치유 방식에서 배울 점이 많기 때문이지요. 또한 심리 치료사들도 예수님이 지니신 치유의 지혜에 관심을 갖고, 그분으로부터 자신의 치료 활동에 유용한 자극을 많이 받기를 기대합니다.

그러나 예수님의 치유 방법에 관해 쓴 이 책이 어떤 심리 치료 학파의 이론을 따른 것은 아닙니다. 예수님은 어떤 치료 기관도 세우지 않으셨습니다. 그분은 단지 자신의 직관에 따라 사람들 개개인에게 관심을 보이셨고, 마음이 움직이는 대로 행하셨습니다.

우리는 예수님의 행동을 흉내 낼 수는 없지만, 그분의 행동에서 영감을 받을 수는 있습니다. 예수님은 제자들에게 당신의 영을 부어 주시며, 그 영의 힘으로 아픈 이들을 고쳐 주고, 복음을 선포하라고 명하셨습니다. 그럼으로써 당신의 치유력이 오늘을 사는 이들에게도 미치게 하셨지요.

다시 말하지만, 이 책이 어떤 심리 치료를 대신하는 것은 아닙니다. 실제로 병든 사람들이 예수님을 찾아갔고, 그분과의 만남을 통해 건강해졌던 것처럼, 우리도 심리적 병을 앓을 때 전문적인 치료를 할 수 있는 의사나 심리 치료사가 필요합니다.

하지만 마음의 문제로 고통스러워하는 사람은 누구나 묵상을 통해 예수님을 만날 수 있고, 그로써 자기 안에 이미 있는 그분의 치유력을 느낄 수 있습니다. 치유 이야기를 묵상할 때 우리는 때때로 자신이 치유되는 경험을 하게 됩니다. 옛날 수도자들이 묵상을 '되새김질'이라고 표현했듯이, 우리가 예수님의 말씀을 마음에 '되새긴다'면, 그 말씀은 우리를 변화시킬 것입니다.

또한 우리가 예수님의 비유를 읽고, 그 뜻을 이해하려 애쓴다면, 자신에 대한 생각뿐만 아니라 하느님에 대한 생각도 바뀔 것입니다. 이처럼 우리에게 새롭게 선사된 시각을 통해 우리는 자신이 치유되고 한층 더 자유로워지며, 더 희망이 넘치고 강해졌다는 것을 느끼게 될 것입니다.

그렇다고 해서 예수님의 말씀과 행위에 관한 묵상이, 질병의 증상에 따라 요구되는 다양한 치료법들을 전적으로 대체할 수 있다는 것은 결코 아니지요.

저는 예수님의 치유 방식을 크게 세 가지로 보고, 각각의 방식에 대해 이야기할 것입니다.

먼저, 제1장에서는 '대화 심리 치료'의 한 방법인 '비유'에 대해 살펴볼 것입니다. 제2장에서는 삶을 새롭게 바라보는 관점을 갖게 하는 예수님의 '말씀'들을 볼 것이고, 제3장에서는 성경에 나온 사례를 통해 예수님이 병든 이들에게 어떤 방식으로 다가가시는지 따라가 볼 것입니다.

제1장에서는, 예수님이 비유를 통해 사람들이 하느님에 관한 병적인 생각과 파괴적인 자기 이해에서 벗어나게 하는 모습을 살펴봅니다. 우리는 비유를 통해 사람이 자신과 하느님을 올바르게 이해하는 방법을 알 수 있습니다. 사실 우리 인생의 성공은 우리 자신과 하느님을 어떻게 이해하느냐에 달려 있기 때문에 올바른 이해는 매우 중요합니다. 그러나 예수님은 청중을 억지로 가르치려 하지 않으십니다. 다만 비유를 통해 청중의 시각을 내면에서부터 완전히 바꿔 놓으시지요. 성경의 비유에서 청중이 치료되는 이러한 과정을 보면서 우리도 변화되는 것을 깨닫게 될 것입니다.

비유는 어떤 교훈을 주려는 것이라기보다, 우리의 내적인 이해를 바로잡는 데 목적이 있습니다. 특히 저는 오늘을 사는 우리가 비유가 지닌 치유력을 새롭게 발견할 수 있도록 그 부분에 주안점을 두어 이야기하려 합니다. 비유가 내담자들의 발전을 촉진하는 경우가 있다는 것을 영성 상담을 할 때마다 체험하기 때문이지요. 그리고 내담자들도 자신에게 새로운 시각을 제공하는 비유를 좋아하고 높이 평가합니다.

제2장에서는 성경에 나타난 예수님의 말씀을 통해, 그분이 지니신 치유의 지혜를 살펴볼 것입니다. 그분의 말씀은 도덕적인 설교라기보다 치유적인 성격이 강하며, 우리가 인생의 진리를 알아볼 수 있는 눈을 뜨게 해 줍니다. 예수님은 말씀을 통해 우리를 다른 수준으로 이끌고자 하십니다. 사람을 병들게 하는 '사람의 말'이 감히 도달할 수 없는 수준, 즉 우리가 하느님께 받아들여진 사람으로서의 자신을 체험할 수 있는 수준으로 이끌고자 하시는 것이지요.

제3장에서는 예수님의 치유 행위가 가장 잘 드러나는 복음서의 치유 이야기들을 살펴볼 것입니다. 그런데 이러한 이야기에 나오는 예수님은 아픈 이들을 항상 같은 방법으로 치유하시지는 않습니다. 복음서에는 예수님이 사람들을 고치는 데 사용하셨던 여러 가지 '치유 방법'이 나옵니다. 저는 이미 다른 책에서 치유 이야기들을 해설한 적이 있지만, 이 책에서는

예수님이 사람들에게 관심을 보이시는 여러 가지 방식들을 좀 더 체계적으로 다루고자 합니다.

이러한 치유 이야기는 위기 상황에 있는 현대인들도 예수님을 붙잡아, 예수님 시대에 일어났던 치유의 기적이 바로 오늘의 우리에게도 실현되도록 초대합니다. 또한 우리가 예수님처럼 오늘날의 아픈 이들을 만나고, 그분 영의 힘으로 그들을 일으켜 세우며, 격려하고 치유하도록 이끕니다.

저는 성경의 치유 이야기들을 다루며 예수님의 치유 행위에 대해 이야기하기에 앞서, 예수님의 비유들과 말씀들을 묵상하고자 합니다. 길을 찾는 사람이든 영성 상담가든 심리 치료사든, 누구나 자기 자신을 어떻게 생각하는지 스스로 깊이 되돌아볼 필요가 있습니다. 자신의 생각은 언제나 하느님에 대한 생각과 관련이 있기 때문이지요. 예를 들어 성난 하느님을 떠올릴 때 사람들은 두렵고 의기소침해집니다. 하느님에 대해 병적으로 그릇된 생각을 하게 되면 전형적인 신경증으로 발전하여, 그런 신앙은 오히려 사람들에게 큰 짐이 되기도 합니다.

먼저 다루게 될 제1장의 예수님이 말씀하신 비유들과, 이어서 제2장에서 다룰 예수님의 말씀들을 통해 우리는 하느님에 관한 생각과 자신의 삶을 숙고하게 될 것입니다. 그럼으로써 우리는 자기 자신과 건강한 관계를 맺을 수 있게 됩니다. 제3장에서는 예수님의 치유 이야기들을 살펴볼 것입니다. 치유 이야기에서 우리가 처한 심리적 위기 상황이 무엇인지 살펴보고, 이를 예수님과의 만남에서 고찰하고자 합니다.

저는 여러분 모두가 성경을 읽고 묵상하는 가운데 자기 자신을 새롭게 만나고, 자신을 더 이해하며, 내적인 변화와 치유를 체험하기를 바랍니다. 성경의 장과 절이 표시된 경우에는 성경의 본문을 찾아 읽는 것이 도움이 될 것입니다. 그리고 영성 상담가들은 예수님의 치유 방법에서 영감을 얻고, 이를 통해 내담자들을 더 나은 방식으로 대할 수 있기를 기대합니다.

차 례

추천의 말	이 시대의 예언자, 언어의 마술사 · 홍성남 신부	5
머리말	인류 최고의 영성 상담가 예수님처럼	8

PART 1
예수님의
근본적인
치유법

들어가며	21
죄에 대처하는 새로운 방법	27
마음속 재판관과 싸워라	33
두려움은 두려움으로 몰아낸다	39
타인과의 비교에서 벗어나라	45
적대자와 친구가 되는 법	51
밀과 함께 가라지도 인정하라	56
자신을 있는 그대로 바라보라	61
마음 밭을 비옥하게 가꾸는 법	65

온전한 자기 자신이 되어라	70
마음의 씨앗을 열매로 가꾸는 법	77
일상에 신선한 변화를 불어넣어라	80
가장 근원적인 열망을 채워라	84
잃어버린 자아를 찾는 법	92
자신의 상처와 마주하라	99

PART 2
예수님의 말씀 치유법

들어가며	107
마음 깊은 곳으로 이끄는 말씀	113
비유에 담긴 삶의 신비	121
새롭게 길을 나서도록 일깨우는 말씀	134
인생의 길잡이가 되는 원칙	143

PART 3
예수님의 행동 치유법

들어가며	157
복음서에 쓰인 질병과 치유	160
직접 다가가 치유하신 예수님	166
치유를 위해 직접 찾아온 사람들	182
타인의 도움으로 치유된 사람들	204
치유가 이루어지는 특별한 만남	226
가족의 문제를 풀어 주는 치유	238
예수님의 다양한 치유 방법	252

맺음말	예수님의 말씀을 온전히 체험하는 시간	261
참고 문헌		271
성경 구절 색인		272

PART 1

예수님의
근본적인 치유법
비유 이야기

들어가며

　심리 치료에 이용되는 대다수의 도구는 대화입니다. 내담자와 상담자는 대화를 통해 상대방의 마음에 특정한 생각을 불러일으킵니다. 또한 상담자는 내담자에게 치유에 이르는 길을 알려 주기 위해 간혹 이야기를 들려주기도 하지요.

　고대에는 이야기를 들려주는 것이 심리 치료의 한 형태이기도 했습니다. 옛날 이야기들을 모은 《천일야화》에서도 세헤라자데는 임금의 마음속 병이 나을 때까지 오랫동안 이야기를 들려줘야 했습니다.

　예수님은 자주 비유를 들어 말씀하셨지요. 그분은 이야기의 달인이셨고, 사람들은 그분의 이야기를 듣고 싶어 했습니다. 비유에는 치유의 힘이 숨어 있기 때문에, 비유를 예수님이 사용하셨던 심리 치료법 가운데 하나로 이해할 수 있습니다. 예수님은 비유를 통해 어떻게 성공적인 삶을 살 수 있는지 알려 주시고, 우리가 하느님과 자신을 더 잘 이해할 수 있도록 새로운 시각을 제공하십니다.

우리가 품고 있는 생각들은 우리의 삶을 결정합니다. 그 생각들이 자신을 병들게 할 수도 있고 건강하게 할 수도 있지요. 따라서 예수님은 비유를 통해 사람들이 가지고 있는, 하느님과 자신에 대한 병든 생각들을 올바른 생각으로 바꿔 주려고 하셨습니다.

또한 예수님은 비유를 통해 사람들을 매료시키고 북돋워 주셨지요. 그분이 혼인 잔치와 추수, 축제와 탈렌트에 관한 비유를 말씀하셨을 때, 청중은 숨죽이며 그 말씀에 귀 기울였습니다. 예수님의 이야기는 항상 청중을 사로잡았습니다.

그러나 그분의 비유에는 꼭 한 군데씩 우리를 화나게 하는 부분이 있습니다. 예수님은 그 부분에서 의도적으로 우리를 자극하시고, 우리에게 무엇인가를 알려 주려 하신 것입니다. 어쩌면 예수님은 이렇게 말씀하고 계신지도 모르겠습니다.

"내 말에 화가 난다면, 바로 그 부분에서 하느님과 네 자신에 대한 너의 잘못된 생각들을 발견할 것이다."

예수님이 우리에게 불러일으키시는 감정은 분노만이 아닙니다. 사람들은 그분의 비유에서 강자처럼 보이는 사람이 패배하는 것을 보고 통쾌함을 느끼기도 합니다. 그러나 예수님의 관심사는 그런 악의적인 즐거움이 아니었습니다. 그분은 그런 비유를 통해 사람들이 자기 자신과 하느님에 관한 근본적인 통찰을 하기를 원하셨던 것이지요. 그래서 그분은 사람들이 스스로를 병들게 하는 생각을 떨쳐 버리게 하기 위해서 당혹감을 느끼게도 하셨습니다. 생각이 변화되는 이러한 과정에서 고통은 자연스럽게 수반되었지요.

어떤 생각을 피하도록 만들기 위해서는 공격적인 태도도 필요합니다. 말하자면, 우리는 어떤 생각들이 우리를 생명에 이르지 못하게 하고, 그릇된 길로 이끌어 왔는지를 분노와 함께 일시에 깨달아야 하는 것입니다.

예전에 성경 주석학자들은 비유는 '유사성'이 가장 중요하며, 한 문장으로 요약할 수 있다고 보았습니다. 또한 비유에 쓰인 표현은 교육적인 특성을 갖기에, 비유의 본질은 교훈에 있다고 주장했습니다.

그러나 이러한 견해에 따르면, 비유는 결국 아둔한 이들에게만 유익하고, 똑똑한 이들에게는 무익한 것이 되고 맙니다.

똑똑한 이들은 그저 직접적으로 교훈만 말해도 충분히 이해하기 때문입니다. 하지만 교훈만으로 충분하다고 생각한다면 비유가 지닌 치유의 힘은 놓치게 됩니다.

예수님의 비유를 들을 때 청중의 마음에는 변화가 일어납니다. 그들은 예수님의 말씀에 매료되어 마음을 열게 되고, 예수님은 이야기를 통해 청중도 알아차리지 못하는 사이에 그들을 새로운 차원으로 이끄십니다. 청중은 불현듯 무릎을 치고, 갑자기 자기 자신에 관해 깨닫게 됩니다. 그들은 이제 자기 자신을 다르게 바라볼 수 있습니다. 이처럼 사람들의 시각과 정서를 변화시키려면 교훈적인 말씀만으로는 부족하며, 비유의 기술이 필요합니다.

신학자이자 심리학자인 오이겐 드레버만은 예수님의 비유가 지닌 치유 방법과 치유의 힘에 관심을 가졌습니다. 그는 《심층 심리학과 해석 *Tiefenpsychologie und Exegese*》에서 비유가 지닌 치유의 힘에 대해 이렇게 말했습니다.

"심리학적인 관점에서 볼 때, 성공적인 비유는 틀림없이 청중을 사로잡는다. 청중은 비유를 통해 지금까지의 경험 세계에서 벗어나 다른 세계로 넘어간다. 그 세계는 자신이 경험해 온 기존 세계와는 완전히 다른 것이지만, 자신이 원하는 간절한 소원에는 들어맞는 것이다."

또한 드레버만은 비유를 통한 '승화'에 대해서도 말합니다. 그는 삶의 의욕과 열정이 있는 사람들에게 예수님이 비유를 통해 말을 거시는 사례에 주목합니다. 그로써 사람들의 열정이 지닌 힘을 더 높은 차원으로 끌어올리시는데, 그 힘은 그들이 하느님과 함께하도록 하며, 하느님을 경외하는 삶을 살게 한다는 것입니다.

"비유는 현실 세계를 극복하게 하는 데 가장 큰 효과가 있다. 심리학적으로 말하자면, 비유는 모든 행동의 동기를 바꾸고, 열정을 승화시키는 데에 중점을 둔다."

예수님은 비유로 여러 가지 복합적인 주제를 말씀하십니다. 예수님은 비유로 우리가 살아가는 다양한 분야에서 일어나는 여러 가지 일들에 대한 시각의 변화를 꾀하십니다. 또한 우리가 자신의 두려움을 마주하고 적절한 해결책을 찾도록 하고, 죄책감에도 맞서게 하십니다. 그뿐만 아니라, 실망과 무력감, 또는 자신의 어두운 경험에 관한 것들을 피하지 않고 똑바로 볼 수 있게 이끄십니다.

예수님은 비유를 통해 사람들이 자기 영혼과 관련된 핵심

주제들을 새롭게 대하게 하십니다. 사람은 누구나 두려움과 죄, 고통, 자기모순, 무력감, 거절당함으로 인한 좌절감 등을 느끼게 됩니다. 그러므로 이런 감정들을 억압하지 않고 건설적으로 다루는 것이 중요합니다.

하지만 우리는 이런 감정들을 다루면서 자신에게 이롭지 않은 방법을 자주 사용합니다. 예를 들어, 우리 인생에는 거부하고 싶어도 고통에서 벗어날 수 없고, 죄를 의식하지 않으려 해도 막연한 죄책감에 시달리게 되는 일이 많습니다. 그리스도인들은 이러한 고통과 죄를 당연히 받아야 하는 것처럼 생각해 왔습니다. 그러나 반면에 많은 사람들이 이에 대한 반작용으로, 자신의 의식이 고통과 죄가 주변을 끊임없이 맴도는 것을 반대하면서, 이 고통과 죄를 떨쳐 버리려 했습니다. 그러나 떨쳐 버리는 것만으로는 해결책이 되지 못합니다. 그리하여 예수님은 비유를 통해 고통과 죄라는 이 주제들과 또 다른 중요한 삶의 주제들을 적절하게 대할 수 있는 방법들을 우리에게 보여 주시는 것이지요.

따라서 저는 예수님이 비유로써 사람들을 치유해 주시는 몇 가지 이야기를 발췌해서, 그것에 대해 새롭고 매력적이며 또한 도발적이기까지 한 예수님의 시각을 부각시키고자 합니다.

죄에 대처하는
새로운 방법

루카 16,1-8

　　사람이라면 누구도 피해 갈 수 없는 주제가 바로 '죄'입니다. 유감스럽게도, 과거에 교회는 죄에 대해 너무 많이 거론하여 사람들이 양심의 가책에 시달리게 했습니다. 오늘날의 우리도 여러 가지 죄를 지으며 살아가고 있지요. 이로 인한 죄책감이 분노나 두려움, 강박증 등의 형태로 드러날 때도 있습니다. 이와는 정반대로, 자신의 죄를 인정하지 않거나 심각하게 생각하지 않는 것 또한 바람직한 일이 아닙니다.

　　강박증은 자신의 억압된 죄와 관련이 있습니다. 1996년에 세상을 떠난 뮌헨의 심리학자 알베르트 괴레스는, 죄를 아예 느끼지 못하는 사람은 인간의 본질적인 면을 잃어버린 사람이라고 했습니다. 그런 사람은 결국 자신의 가치를 잃고, 자신의 자유와 책임을 더 이상 인지하지 못합니다. 또한 그는 이렇게 말했습니다. "죄의식이 없는 사람에게 죄는, 양심의 가책이 아니라, 막연한 두려움이나 우울, 근육 긴장 등의 형태로 나타난다." 이런 경우, 사람은 죄책감 대신 실패에 대한 두려움과 우울감에 시달리게 됩니다.

그러면 자신의 자긍심을 잃지 않으면서도 죄를 대하려면 어떻게 해야 할까요? 예수님은 '약은 집사의 비유'를 통해 이 주제를 심도 있게 다루십니다. 예수님의 청중 가운데 물질적으로 가난한 이들은 이 이야기에 매료되었을 것입니다. 그들은 이 이야기를 들으며 집사가 자기 주인을 교활하게 속였다는 인상을 받았을 것이고, 어떤 이들은 거기에 통쾌함도 느꼈겠지요. 그러나 예수님은 표면에 드러난 이 악의적인 즐거움은 중요하게 생각하지 않으셨습니다. 다만 그분은 청중을 다른 차원으로 이끌고자 하셨던 것이지요. 이 비유에 화가 난 이들도 있었을 텐데, 아마 그들은 이렇게 말했을 것입니다. "그럴 수는 없어. 집사의 행동은 도덕적이지 않아. 그는 자기 주인을 속였다고."

이처럼 화를 느끼는 바로 그 순간, 예수님은 이렇게 말씀하십니다. "네 관점이 정말 맞는지 정확히 살펴보아라. 너는 네 자신과 하느님을 잘못 보고 있다. 너는 너의 죄를 새롭게 대하는 법을 배워야 한다. 네가 너의 죄를 적절하지 못한 관점으로 보기 때문에 다른 이들을 판단하는 데 있어서도 그처럼 냉혹한 것이다."

우리가 원하든 원하지 않든, 우리는 사는 동안 끊임없이 죄에 빠집니다. 이 점은 '약은 집사의 비유'에서 '낭비'라고 표현됩니다. 우리는 자신의 재산, 능력, 힘 가운데 일부를 끊임없이 낭비하고 있는 것이지요. 그렇다면 우리가 낭비하고 있다는 비난, 다시 말해 죄를 짓고 있다는 비난에 대해 어떻게 대처해야 할까요?

"집사는 속으로 말하였다. '주인이 내게서 집사 자리를 빼앗으려고 하니 어떻게 하지? 땅을 파자니 힘에 부치고 빌어먹자니 창피한 노릇이다.'" (루카 16,3)

사람들이 죄에 대처하는 방식에는 두 가지가 있습니다. 하나는 열심히 노력하는 것입니다. 이제부터 다시는 죄를 짓지 않기로 결심하고, 각오를 다지며 온 힘을 다합니다. 그러나 이러한 노력은 그 사람을 냉정하고 경직되게 만들 뿐이어서, 오히려 자신뿐만 아니라 다른 사람들도 엄격하게 판단하게 됩니다. 그래서 늘 다른 사람의 잘못을 찾고, 찾아낸 그들의 잘못에 분개하게 되지요.

죄에 대처하는 또 다른 방식은 누구에게든지 자신을 받아들여 달라고 구걸하는 것입니다. 그래서 일생 동안 참회의 옷을 입은 채 살며, 살아 있는 것 자체에 대해 용서를 청합니다. 이렇게 자책하는 사람은 자신을 폄하하며, 다른 이들에게 인정과 사랑을 구걸하게 됩니다. 이 방식으로 대처한다면 자긍심을 모두 잃게 되지요.

그러나 집사는 제3의 길을 보았습니다.

"집사는 속으로 말하였다. …… '옳지, 이렇게 하자. 내가 집사 자리에서 밀려나면 사람들이 나를 저희 집으로 맞아들이게 해야지.'" (루카 16,3-4)

집사는 자기 죄를 독창적인 방식으로 대합니다. 그는 마지막으로 방책 한 가지를 떠올린 것이지요. 부자에게는 손해가 되겠지만, 그는 빚진 이들을 불러 그들 빚의 일부를 탕감해 줍니다.

집사는 분명 힘든 노동이나 구걸을 통해서는 빚을 모두 갚을 수 없다는 것을 알고 있었습니다. 그래서 그는 그 빚을 다른 이들을 인간적으로 대하는 계기로 삼았습니다. 아마도 이렇게

마음먹었겠지요. '나도 죄를 지었고 너희도 죄를 지었으니, 우리 서로 허물을 분담하고 서로를 받아들이자.'

예수님은 우리가 독선의 왕좌에서 내려와 다른 사람들과 더불어 사는 사람이 되도록 초대하십니다. 이 비유에서 예수님은 "빛의 자녀들"(루카 16,8)로 일컬어지는 유대교의 신앙 집단인 에세네파와 거리를 두십니다. 에세네파 사람들은 매우 경건한 사람들로서, 그들 가운데 규범을 위반하는 자는 가차 없이 축출되었습니다. 예수님은 그들에게 다음과 같이 말씀하고 계시지요. "너희 그리스도인은 서로 내쫓지 말고 받아들여야 한다. 너희는 하느님이 너희를 용서하셨다는 것을 기억하며, 너희의 잘못을 인간적으로 대해야 한다. 너희는 남들과 더불어 사는 사람들이 되어야 하며, 자신을 다른 사람들 위에 세워서도 안 되고 다른 사람들 밑에 두어서도 안 된다."

우리는 힘들게 노력하거나 인정과 사랑을 구걸함으로써 자신의 죄를 용서해 달라고 청할 필요가 없습니다. 하느님은 당신의 자비로 우리의 죄를 용서하시기에, 우리는 그분의 자비로 자기 자신과 다른 사람들을 자비롭게 대할 수 있기 때문이지요.

저는 영성 상담을 통해, '약은 집사의 비유'로써 사람들이 지속적인 죄책감에 시달리거나 자신을 폄하하지 않고 자신의 고유한 존엄성을 되찾을 수 있게 도울 수 있다는 사실을 경험했습니다. 이 비유를 통해 내담자들은 자신에게 과도한 짐이 되었던 엄격한 도덕주의에서 벗어날 수 있었고, 치유까지 가져온다는 것을 느낄 수 있었습니다.

이처럼 비유는 용서에 관한 교훈적인 가르침보다 더 효과적일 수 있습니다. 비유는 우리 안에 있는 무엇인가를 움직이게 합니다. 죄에 대해 새롭게 대처하는 자신의 모습을 발견하고, 예수님의 고무적인 말씀을 통해 죄를 대할 때 새로운 자유를 느끼고 자신의 관점이 확대되는 체험을 할 수 있습니다.

19세기 스위스의 심리학자 카를 구스타프 융(이하 융)은 많은 사람들이 자신의 죄 때문에 정신적인 고통을 겪는다고 말했습니다. 사람들은 자신의 진실된 모습과 약점을 마주하는 대신, '추운 겨울 아침, 잠자리에서 일어나야 하는 시간인데도 계속 따뜻한 침대에 누워 있는 것처럼' 회한과 후회를 즐긴다는 것입니다. '약은 집사의 비유'는 우리가 올바른 삶을 살고, 바르고 정직하게 다른 이들을 자신의 마음에 받아들이며, 자신을 비하하는 마음 없이 다른 이들의 마음에 들어갈 수 있도록 용기를 줍니다.

마음속 재판관과 싸워라

루카 18,1-8

    심리학에서는 지속적으로 자기 자신을 단죄하는 매우 엄격한 '초자아'에 대해서도 연구합니다. 초자아에는 대부분 부모의 유익한 의견과 규범이 포함되어 있습니다. 하지만 초자아로 인해 사람들은 자주 자기 자신을 냉혹하게 판단할 뿐만 아니라 심지어 유죄 판결까지 내립니다. 우리 마음에는 초자아와 함께하는 법정이 있는데, 이 법정은 자기 자신을 지속적으로 단죄하고 거부합니다.

  예수님은 '과부의 청을 들어주는 불의한 재판관의 비유'를 통해 우리에게 이 초자아를 어떻게 다뤄야 하는지 알려 주십니다.

과부는 적대자에게 괴롭힘을 당했는데, 그 적대자는 자신의 밖에도 있고 안에도 있었지요. 먼저 자신을 보호해 줄 남편이 없는 과부는 사람들로부터 자신을 지키기가 매우 어려웠기 때문에 많은 상처를 받았습니다. 그녀가 원하는 방식대로 사는 것을 허용하지 않는 삶의 규범 또한 적대자의 역할을 했습니다.

과부는 재판관에게 도움을 청했지만, 재판관은 그녀를 도울 생각이 없었습니다. 그는 사람들의 행복에 대해서도, 하느님에 대해서도 아무런 관심이 없었기 때문입니다. 따라서 과부는 도움을 받기 어려웠지만, 그럼에도 재판관에게 끊임없이 청원했습니다. 그녀는 자신과, 자신의 살 권리를 위해 투쟁했던 것이지요. 그녀는 매일같이 재판관을 찾아갔습니다.

"재판관은 한동안 들어주려고 하지 않다가 마침내 속으로 말하였다. '나는 하느님도 두려워하지 않고 사람도 대수롭지 않게 여기지만, 저 과부가 나를 이토록 귀찮게 하니 그에게는 올바른 판결을 내려 주어야겠다. 그렇게 하지 않으면 끝까지 찾아와서 나를 괴롭힐 것이다.'" (루카 18,4-5)

마지막 구절을 그리스어 원문 그대로 옮기면, "그렇게 하지 않으면 그녀가 내 눈을 때려 멍이 들게 할 것이다."입니다. 재판관은 눈에 멍이 들고 싶지 않았고, 그런 눈으로 시내를 돌아다니고 싶지도 않았을 테지요.

예수님이 이 비유를 매우 흥미진진하게 들려주셨기 때문에, 도움을 받고 치유되리라는 희망을 포기했던 사람들은 새로운 용기를 얻을 수 있었습니다. 권력이 있는 재판관이 겸손한 모습을 취할 수밖에 없는 상황에 청중은 통쾌함을 느꼈겠지요. 이로써 예수님은 청중이 절망적으로 보이는 자신의 상황을 새롭게 대하도록 이끄신 것입니다.

예수님은 우리의 마음속 재판관을 극복하는 수단으로 기도를 권하십니다. 그렇다고 해서 하느님이 우리의 기도를 듣고 직접 개입해 적대자들을 없애 주시는 것은 아닙니다.

그러나 우리는 기도하는 동안에 삶에 대한 권리를 누리고, 마음속 평화도 누리게 됩니다. 그로써 우리의 마음속 재판관은 힘을 잃습니다. 기도는 우리를 단죄하는 '초자아'로부터 힘을 빼앗습니다. 그래서 우리는 치유하시는 하느님의 친밀함을 체험하고, 마음에는 평화가 가득해집니다. 하느님 나라가 바로 우리 마음속에 들어오게 된 것입니다.

예수님은 이 비유를 들려주시기에 앞서 "하느님의 나라는 너희 가운데에 있다."(루카 17,21)라고 말씀하셨습니다. 우리 가운데에 하느님의 나라가 존재하는 한 마음속의 재판관은 끼어들 자리가 없습니다. 그곳은 다른 사람들의 권력으로부터, 다시 말해 그들의 기대, 요구, 판단, 비난으로부터 자유롭습니다. 그곳에서 우리는 치유를 받아 온전해지며, 아무도 우리를 해칠 수 없습니다. 그곳에서는 우리의 내부나 외부의 적대자가 들어올 수 없습니다.

신화 속의 상징적 표현처럼 이 비유에 나오는 과부는 정신을 나타냅니다. 정신은 사람의 내적인 영역을 말하는데, 바로 이 정신이 우리가 하느님께만 속하는 유일무이한 하느님의 자녀임을 드러내는 것이지요. 또한 정신은 우리가 스스로에 대해 갖는 이상과 자기 생명의 소중함, 그리고 자신에게 하느님의 모습이 드러나고 있음을 우리에게 가르쳐 주는 꿈이기도 합니다.

이 비유에 나오는 재판관은 우리 안에 있는 초자아로, 끊임없이 자기 자신을 폄하하는 주체입니다. 특히 우리가 가지고 있는 드높은 이상과 위대한 생각들에 자신이 못 미친다고 생각될 때, 스스로를 병들었다고 여기게 하는 주체입니다.

그러나 우리는 기도를 함으로써 우리의 정신이 힘을 갖고, 마음속 재판관은 힘을 잃게 할 수 있습니다. 우리는 기도를 통해 하느님이 지으셨고, 그분의 신뢰를 받는 자신에 대한 존엄성을 느낄 수 있습니다. 또한 하느님이 우리에 대해 품고 계셨던 단 하나의 표상을 접하게 됩니다. 그리하여 마침내 자기 폄하와 자기 비난의 마음도 모두 소멸시킬 수 있습니다. 우리가 이 비유를 마음에 품고 기도한다면 우리의 기도는 새로운 힘을 지니게 될 것입니다.

만약 예수님이 단순히 기도하라고 훈계하셨다면, 이와 같은 효과를 보지 못했을 것입니다. 이 비유는 우리에게 변화를 일으킵니다. 또한 이제껏 우리가 경험한 것들을 다시 생각하게 만들고, 이를 통해 새로운 경험을 만나게 합니다.

예수님은 이 과부를 통해 자기 자신을 포기하지 않는 여성을 나타내 주십니다. 기도한다는 것은 이처럼 자포자기를 하지 않는다는 것을 의미하지요.

많은 사람들이 하느님께 자주 기도드렸지만 별 소용이 없었다며, 하느님이 자신들을 위해 아무것도 하지 않으신다고 말합니다. 이런 사람들은 하느님이 우리 눈에 보이게 문제를 해결해 주시는 분이라고 생각하는 것이지요. 또한 하느님의 행위가 반드시 외형적인 변화로 나타나야 한다는 생각을 보여 주는 것이기도 합니다.

그러나 기도는 우리를 내면으로 인도하며, 거기에서 삶에 대한 권리를 누리고, 하느님의 도움과 치유를 체험하게 합니다.

외적인 투쟁은 계속되지만, 내면에는 전쟁 없는 평화의 지역이 존재합니다. 그곳에서 우리는 평온해지며 삶에 대한 권리 또한 누릴 수 있습니다.

두려움은
두려움으로 몰아낸다

마태 25,14-30; 루카 19,11-27

　　치유에 관한 또 다른 중요한 주제는 '두려움'과, 그 두려움에서 벗어나기 위해 모든 것을 통제하려 하는 성향에 관한 것입니다. 이에 대해서 예수님은 '탈렌트의 비유'로 가르치시며, 이 비유로 사람들을 매료시키고 용기를 북돋우십니다.

　　첫 번째와 두 번째 종은 자신들이 받은 탈렌트를 기반으로 돈을 벌어 주인에게 커다란 상을 받습니다. 그러나 세 번째 종은 고지식하게 행동하여 청중에게 동정과 함께 분노를 불러일으킵니다. 이 비유를 통해 예수님은 청중에게 다음과 같이 말씀하고자 하십니다. "이 세 번째 종의 모습을 자세히 살펴보아라. 그에게서 너의 모습을 발견하게 될지도 모른다."

세 번째 종은 자신의 행동에 대해 변명을 늘어놓습니다. 바로 이 변명에서 그의 문제가 무엇인지 알 수 있습니다. 그는 자신을 다른 사람들과 비교했고, 자신이 차별 대우를 받는다고 느꼈습니다. 그런 까닭에 그는 자신이 받은 한 탈렌트를 최소한 잃지는 않고자 했지요. 주인을 두려워한 것도 그의 문제였습니다. 그는 주인에게 이렇게 말했습니다.

"주인님, 저는 주인님께서 모진 분이시어서, 심지 않은 데에서 거두시고 뿌리지 않은 데에서 모으신다는 것을 알고 있었습니다. 그래서 두려운 나머지 물러가서 주인님의 탈렌트를 땅에 숨겨 두었습니다. 보십시오, 주인님의 것을 도로 받으십시오." (마태 25,24-25)

그는 자기 주인이 벌을 주는 모진 사람이라고 여겼기에, 실수를 범하지 않으려고 자기 탈렌트를 땅속에 묻었습니다. 그는 모든 것을 통제하려 했고, 가진 탈렌트를 이용하여 돈벌이를 하려는 모험도 하지 않았습니다. 그는 결국 아무것도 내놓으려 하지 않았습니다. 하지만 그런 방식으로는 이익을 얻을 수 없었습니다.

탈렌트를 사용하여 돈을 번 다른 두 사람은 더 많은 것을 얻기 위해 무엇인가를 내놓았습니다. 그러나 세 번째 종은 아무것도 잃지 않으려고 모든 것을 움켜쥐고 있었습니다. 그리고 바로 그 행동으로 인해 그는 모든 것을 잃게 되었습니다.

주인은 이 세 번째 종을 매우 엄하게 다루었습니다. 주인은 그 종이 상상했던 그대로 행동합니다. 주인은 그가 주인에 대해 그렸던 모습 그대로를 보여 준 것이지요. 주인은 이렇게 응수했습니다.

"이 악하고 게으른 종아! 내가 심지 않은 데에서 거두고 뿌리지 않은 데에서 모으는 줄로 알고 있었다는 말이냐? 그렇다면 내 돈을 대금업자들에게 맡겼어야지. 그리하였으면 내가 돌아왔을 때에 내 돈에 이자를 붙여 돌려받았을 것이다. 저자에게서 그 한 탈렌트를 빼앗아 열 탈렌트를 가진 이에게 주어라." (마태 25,26-28)

오이겐 드레버만은 예수님의 이러한 치유 방식을 '두려움으로 두려움을 몰아내기'라고 부릅니다. 여기서 중요한 것은, 두려움이 신뢰로 바뀔 때까지 두려움을 자세하게 상상하는 것입니다. 예수님은 세 번째 종에게 다음과 같이 말씀하고자 하십니다.

"네가 하느님을 그토록 두렵게만 여긴다면, 네 삶은 이미 너무도 고통스러워 이를 갈 지경이 되고 말 것이다. 네가 모든 것을 다 통제하려 든다면, 네 삶은 이미 통제 불능 상태에 빠지고 말 것이다. 네가 실수를 하지 않으려 한다면, 너는 모든 것을 엉망으로 만들게 될 것이다."

사람들은 이 비유에 대해 "예수님이 이것을 좀 더 알아듣기 쉽게 말씀하실 수 있지 않았을까?"라고 말할 수도 있습니다. 그러나 예수님이 그저 교훈만 전하거나 당신을 신뢰하라는 요구만 하셨다면, 우리는 안락의자에 편안하게 기댄 채 '그래, 좋은 말씀이야.'라고 생각할 뿐, 우리 내면에는 아무런 변화도 일어나지 않을 것입니다.

이에 반해 위의 비유는 우리 마음에 울림을 줍니다. 이 이야기에서 우리를 화나게 하는 것이 무엇인지 곰곰이 생각하게 되기 때문이지요. 여기에서 예수님은 오늘날 '강화'라고 부르는 심리 치료를 사용하셨습니다.

한 심리 치료사가 제게 이런 이야기를 들려주었습니다. 예전에 그는 자신의 잘못을 자책하는 내담자들에게 언제나 그들의 긍정적인 모습들을 부각시켜 말해 주었다고 합니다. 그런데 그럴 때면 그들은 자주 이러한 반응을 보였다고 합니다. "그래요, 그렇긴 하지만 모든 면에서 그렇지는 않아요. 그것은 또한 제 결점이지요……."

그는 긍정적인 측면을 잘 말해 줬지만, 내담자에게서 별 호응을 얻지 못했던 것입니다. 내담자들은 부정적 경향이 더 강했고, 그들의 그런 경향 때문에 그는 자주 절망감에 빠졌습니다.

이후 그는 연수를 통해 강화를 배우게 되었고, 내담자들에게 이전과는 다르게 대처했습니다. "당신이 말한 것처럼, 당신은 정말로 무정한 엄마네요. 그러면 안 되죠." 이러한 '강화'에 대해 내담자들은 "무슨 말씀을 그렇게 하세요! 그렇게 밖에 생각하지 않는 거예요?"라며 화를 냈습니다.

심리 치료사가 내담자의 부정적인 측면을 부각하자, 내담자들은 오히려 그 부정적인 측면에서 시선을 돌려 자신을 긍정적인 시각으로 바라보기 시작한 것입니다.

위의 비유를 말씀하시는 예수님의 의도를 이에 비추어 해석해 볼 수 있습니다. 예수님은 두려운 나머지 모든 것을 통제하는 태도가 불합리하다는 것을 가르쳐 주시고, 신뢰의 길로 우리를 초대하시는 것이지요.

마태오 복음서에 의하면, 첫 번째 종은 다섯 탈렌트를, 두 번째 종은 두 탈렌트를, 세 번째 종은 한 탈렌트를 받았는데, 첫 번째 종과 두 번째 종은 자신들의 탈렌트를 갑절로 늘렸습니다. 그런데 루카 복음서에 의하면 종들은 제각기 한 미나씩을 받았습니다. 첫 번째 종은 받은 돈을 토대로 열 배를, 두 번째 종은 다섯 배를 벌었습니다. 세 번째 종만은 주인에게 받은 돈을 그대로 땅에 묻어 두었습니다. 탈렌트를 각각 다르게 받았다는 것은(마태오 복음서), 각자가 자기 삶을 통해 이룩한 것을 외적으로 평가하기는 어렵다는 것을 나타냅니다. 각자의 재능과 한계를 가늠할 수 없기 때문이지요. 하지만 모두 동일한 미나를 받았다는 것은(루카 복음서), 각자가 그것으로부터 무엇을 이루었는지를 분명히 알 수 있음을 나타냅니다.

따라서 마태오 복음서의 메시지는 이러한 의미를 갖고 있습니다. "네가 어떤 탈렌트를 받았는지 탐구하고, 그것을 활용하여라. 너는 하느님이 네게 주신 재능에 책임이 있다." 그리고 루카 복음서의 한 미나는 각자의 인생을 상징하며, 우리에게 이렇게 말해 줍니다. "네게는 단 한 번의 인생밖에 없다. 너의 인생을 살아라. 그렇지 않으면 네가 살아 보지 못한 인생을 언젠가는 후회하게 될 것이고, 더 이상 마음대로 할 수 있는 일이 없다는 사실을 깨닫게 될 것이다."

타인과의 비교에서
벗어나라

마태 20,1-16

심리 치료나 영성 상담에서 계속 이야기되는 주제들 가운데 하나는 '비교'에 관한 것입니다. 사람들은 자신이 갖지 못한 것을 다른 사람들이 갖고 있을 때 시기하는 마음이 생깁니다. 그들은 하느님이나 운명이 자신에게 불공평하다고 생각합니다.

자신을 다른 사람들과 비교할수록 사람은 점점 더 만족할 수 없게 되고, 자신을 받아들이지 못하게 됩니다. '저 사람처럼 멋진 외모를 지니거나, 저 사람처럼 똑똑하거나, 저 사람처럼 돈이 많다면, 성공적인 인생을 살 수 있을 텐데…….'와 같이 자신을 남과 비교하기만 하면 성공적인 삶을 살 수 없습니다.

타인과 자신을 늘 비교하는 사람은 하느님이나 운명이 자신에게 불공평하다고 느끼게 되고, 결국 자신의 인생을 개척하는 것을 스스로 방해하게 됩니다.

예수님은 '포도원 일꾼들에 관한 비유'를 통해 이러한 문제에 해결책을 내놓으십니다. 이 비유 역시, 이를 들은 청중 가운데 많은 이들이 못마땅한 마음을 가졌을 것입니다. 포도밭 주인은 그처럼 불공평해서는 안 되었습니다. 맨 먼저 온 일꾼들은 열한 시간을 일하며 한낮의 더위를 견뎌야 했습니다. 그런데도 주인은 어떻게 한 시간밖에 일하지 않은 일꾼들에게도 똑같은 품삯을 주겠다는 말일까요?

그런데 포도밭 주인의 처신에 화가 난다면, 삶에 대한 우리의 태도를 되돌아볼 필요가 있습니다. 우리는 우리가 열심히 살면서, 하느님의 계명까지 충실히 지키고 있다고 생각합니다. 그래서 하루 종일 빈둥거리며 아무 일도 하지 않는 이들보다 더 많은 혜택을 받아야 한다고 생각하는 것이지요. 그런데 이러한 생각 이면에는, 우리도 일하지 않고 빈둥거리며 지내고 싶다는 마음이 숨어 있습니다. 그리하여 하느님의 계명 따위는 신경 쓰지 않고 자기 마음대로 행동하는 사람들을 부러워하는 것입니다.

그러나 우리는 빈둥거리며 지내는 사람들의 상황이 어떠한지, 그들이 자신의 삶을 얼마나 지루해하며, 자신을 얼마나 쓸모없는 존재로 여기는지는 알지 못합니다.

가장 먼저 온 일꾼들은 자기 삶이 의미가 있다는 것을 알고 있는 이들입니다. 그들은 일을 했고, 저녁 때 적절한 품삯을 받았습니다. 주인과 합의한 한 데나리온이라는 하루 품삯은 당시 상황에 비추어 볼 때 분명히 온당한 보수였습니다. 그런데 자신보다 일을 덜한 일꾼들도 똑같은 품삯을 받게 되자, 그들은 불만을 느꼈고 '차라리 일을 늦게 시작하는 편이 나을 뻔했다.'라는 생각을 하게 된 것입니다. 그리하여 가장 먼저 온 일꾼들은 투덜거리며 자신들의 생각을 말했습니다.

"맨 나중에 온 저자들은 한 시간만 일했는데도, 뙤약볕 아래에서 온종일 고생한 우리와 똑같이 대우하시는군요." (마태 20,12)

이로써 그들이 이 일을 짐으로 여긴다는 것과 땡볕 아래에서 괜히 고생했다고 생각한 것이 드러났습니다. 가장 먼저 온 일꾼들의 태도를 인생과 관련지어 이렇게 말할 수 있습니다.

'나는 나의 삶을 짐이요, 뙤약볕으로 여긴다. 한편으로 나는 조금이라도 선량한 그리스도인으로 살기 위해 온 힘을 다 기울여야 한다. 하지만 나는 전혀 다른 삶, 다시 말해 안정되고 편안한 삶을 살고 싶고, 그래서 늘 갈등에 빠진다. 그러나 예수님은 내게 다른 시각을 주고자 하신다. 그분은 내가 삶을 다르게 바라보고, 나의 삶이 의미 있다는 것에 감사하기를 바라신다. 이러한 갈등을 겪으면서 나는 성숙해진다. 그 갈등으로 인해 나는 나의 내면을 돌아보고, 그로써 성숙의 길, 영성의 길을 계속 걷기를 원하게 된다.'

포도밭 주인은 열한 시간 동안 일한 어떤 일꾼의 불평에 다음과 같이 응수했습니다.

"친구여, 내가 당신에게 불의를 저지르는 것이 아니오. 당신은 나와 한 데나리온으로 합의하지 않았소? 당신 품삯이나 받아서 돌아가시오. 나는 맨 나중에 온 이 사람에게도 당신에게처럼 품삯을 주고 싶소. 내 것을 가지고 내가 하고 싶은 대로 할 수 없다는 말이오? 아니면, 내가 후하다고 해서 시기하는 것이오?"(마태 20,13-15)

교부들은 '한 데나리온'이 사람이 온전하게 자기 자신이 되는 것을 상징한다고 여겼습니다. 자기 자신과 일치하는 온전한 사람이 되는 것보다 더 큰 보수는 없습니다. 그것만으로도 충분하지요. 그리고 이를 가능한 한 빨리, 가능한 한 인생의 첫 시기에 목표로 삼는 것이 좋습니다. 따라서 이를 뒤늦게 시작하거나, 그저 빈둥거리며 자기 인생에서 아무것도 이루지 못한 것처럼 보이는 이들에게 눈을 흘겨서는 안 됩니다. 그들도 나름의 고통을 겪고 있기 때문입니다.

우리는 자신을 개선하려고 노력하면서, 그로 인해 지속적으로 생기 있는 삶을 살 수 있는 기회를 얻게 됩니다. 그런 기회가 뒤늦게 온 다른 이들도 자신의 내면을 발견하고 온전해지며, 자기 자신과 일치를 이루어 진정한 자기 자신이 되는 계기를 만들 수 있지요.

우리는 자신을 다른 사람들과 비교하고, 그들을 부러운 눈초리로 바라보는 대신, 자신의 삶을 감사하는 마음으로 살아야 합니다. 그리하여 다른 사람들도 언젠가 생명에 이르는 길을 발견하게 된다면, 함께 기뻐할 수 있을 것입니다.

위의 비유는 우리가 일하는 이유, 다시 말해 다른 사람들을 위해 우리가 노력하는 이유뿐만 아니라, 우리가 자신을 치유하거나 영성의 측면에서 더 나아지려고 노력하는 이유에 대해 다시금 생각하게 만듭니다.

자신을 개선하려고 노력하지 않는 사람은 발전할 수 없습니다. 그리고 그러한 자기 자신 때문에 스스로 고통을 겪게 됩니다. 우리가 자신의 일을 재미있어 한다면, 스스로를 다른 사람들과 비교하지 않게 됩니다. 아무 일도 하지 않은 채 그저 무위

도식無爲徒食하며 살아가는 사람들에게 화가 난다면, 그로써 자신 역시 '가능하면 아무 일도 하고 싶지 않다.'라는 생각이 내면에 깊숙이 도사리고 있었다는 사실을 인정해야 합니다. 이 비유는 우리 마음에 무엇인가를 불러일으키지요. 즉, 이 이야기는 우리가 감사하는 마음으로 자신의 삶을 살아가고, 자신이 어떤 삶을 살아가든지 간에 다른 사람들이 성공적인 삶을 산다면 그것을 기뻐해 주라는 사실을 일깨웁니다.

적대자와
친구가 되는 법

루카 14,31-32

영성 상담이나 심리 치료에서 내담자의 잘못과 약점과 잘못된 생활 태도를 어떻게 대해야 하는지, 질투와 분노와 두려움과 우울감에 어떻게 대처해야 하는지, 중독을 느끼는 것들에 어떤 태도를 취해야 하는지 등은 매우 중요한 문제입니다.

자기 마음속에 일어나는 질투심이나 두려움을 맞서 싸워 해결하려는 사람들이 많습니다. 그러나 자기 내면에 있는 것들과 맞서 싸울수록 그것들의 반발 또한 거세지지요. 이런 경우 아무런 개선의 여지가 없어 보이는 자신의 잘못과 약점에 맞서는 일에 온종일 집착하기도 합니다.

이런 상황에 대해 예수님은, '2만 명의 군사를 몰고 오는 다른 나라 임금에게 1만 명의 군사로 맞설 수 있는지 헤아려 보는 임금의 이야기'를 통해 우리에게 말씀하십니다. 1만 명의 군사를 지닌 임금은 전쟁을 이길 가능성이 없으며, 만약 그래도 전쟁을 한다면 자신의 온 힘을 소진하게 될 것입니다.

이처럼 많은 사람들이 자신의 과오와 약점과 맞서 싸우느라 힘을 허비합니다. 그로 인해 자신의 삶을 성취하는 데에는 힘을 쓰지 못하지요. 이에 대해 예수님은 자신의 내면에 있는 적대자와 평화를 이루고, 그 적대자와 친구가 되라고 조언하십니다. 예수님의 조언대로 한다면, 우리는 1만 명이 아니라 3만 명의 군사들을 갖게 되는 것입니다. 또한 우리가 자유로이 다닐 수 있는 영토도 넓어집니다. 다시 말해 우리는 더 많은 능력과 힘을 지니게 되고, 내면의 크기도 더욱 커집니다.

약 46년 전 제가 수도원에 입회했을 당시에, 저는 제가 지닌 1만 명의 군사들, 즉 지금까지 받았던 훈육과 의지력으로 저의 모든 약점을 극복할 수 있으리라고 생각했습니다. 그러나 이후 저는 엄청난 좌절을 경험했고, 적대자인 저의 약점들과 화해해야 한다는 것을 알게 되었습니다. 적대자들과 친구가 될 때에만 변화가 일어나는 것이지요.

저는 예수님이 위의 비유들을 통해 전하시는 메시지를 몇 가지 사례를 들어 설명하고자 합니다.

한 여성이 간헐적인 폭식증으로 인해 큰 스트레스를 받았습니다. 그녀는 폭식을 부끄러워했고, 금식을 하여 자신에게 벌을 주었습니다. 그런데 그렇게 하여 며칠간은 잘 지내다가도, 다시 폭식증을 겪고는 했습니다. 그녀는 끊임없이 폭식과 금식을 반복하느라 많은 힘을 허비했지요.

식탐을 친구로 삼는다는 것은 이를테면 이렇게 생각하도록 변화하는 것입니다. '나는 식탐과 맞서 싸우거나 나를 벌주는 대신, 식탐이 내게 무엇을 말하고자 하는지 물을 것이다. 폭식을 하여 내가 얻으려는 것은 무엇일까? 내가 먹는 것을 통해 사랑을 갈망하는 마음을 표현하는 것일까? 아니면, 분노와 실망이 터져 나오는 것을 막으려는 것일까? 그것도 아니면, 힘든 일을 마친 후 이따금 자신에게 음식으로 보상해야 한다고 생각하는 것일까?'

저는 이러한 갈망들을 평가하지 않습니다. 그것들은 제각기 의미를 지니기 때문입니다. 문제는 '그 갈망들을 어떻게 새롭게 대할 수 있는가, 자신에게 더 유익하고 양심의 가책이나 부끄러움을 남기지 않을 방식으로 그 갈망들을 충족시킬 수 있는가?' 하는 것입니다. 식탐이 자신의 본래적인 갈망을 끊임없이 일깨우는 친구라고 여기게 된다면, 더 이상 그것에 집착하거나 끌려다니지 않게 됩니다.

또 다른 예를 봅시다. 한 여자가 자기 남편의 사무실에서 일하는 여비서를 몹시 질투하게 되었습니다. 그녀는 자신이 비서를 질투한다는 사실에 스스로 화도 났지만, 남편이 비서를 친절하게 대하는 모습을 끊임없이 상상하며, 혹시 그들이 잠자리를 같이하지는 않았을까 의심하곤 했습니다. 남편은 아내에게 그것은 전혀 근거가 없는 염려이고, 비서는 자신이 고용한 직원에 지나지 않다고 거듭 말하며 안심시켜 주었습니다. 아내도 그런 남편을 믿기는 했지만, 그럼에도 불구하고 그녀는 질투심에서 벗어나지 못했습니다. 남편이 출근하는 동시에 그녀의 상상은 다시 날개를 달기 일쑤였지요. 그녀는 자신의 질투심이 남편을 피곤하게 만든다는 것을 알고 있었습니다. 질투심은 그녀 자신뿐만 아니라 부부 관계에도 상처를 입혔지만, 그녀는 거기에서 벗어나지 못했습니다. 질투심을 억누를 수 없었고, 오히려 늘 새롭게 떠오르곤 했습니다.

이처럼 질투심이 생긴다면 이러한 생각으로 바꿔 나가는 것이 더 좋을 것입니다. '나의 질투심에는 어떤 갈망이 숨어 있는

걸까? 나는 남편이 나만을 사랑하고 나에게만 관심을 보이길 바란다. 나는 이러한 갈망을 인정함으로써 그것을 똑바로 바라볼 수 있다. 왜냐하면 이러한 갈망이 비현실적인 것임을 알고 있기 때문이다. 나는 남편을 가둬 둘 수 없다. 나는 그저 그가 나름의 방식으로 여전히 나를 사랑한다는 것을 믿어야 할 뿐이다.'

또한 질투심이 자신의 어떤 오래된 상처와 두려움을 암시하는지 되짚어 볼 수도 있을 것입니다. 혹시 언젠가 누군가에게 큰 실망감을 느꼈던 것은 아닌가요? 혹은 어렸을 때 충분한 관심과 신뢰를 받지 못했던 것은 아닌가요?

자신을 돌이켜 본다면 자신의 상처를 더 잘 받아들일 수 있게 됩니다. 그렇게 되면 질투심이 생기더라도 더 이상 자신을 비난하지 않을 것입니다. 오히려 질투심 덕분에 남편이 자신을 사랑한다는 것을 더욱 믿게 되어 감사드릴 수 있을 뿐만 아니라, 자신의 오랜 상처들을 하느님께 내보임으로써 그 상처에 스며든 그분의 사랑으로 상처가 서서히 치유될 수 있었다고 여기게 될 것입니다.

밀과 함께
가라지도 인정하라

마태 13,24-30

　　심리학자 융은, 사람은 내면에 극단적으로 대립하는 성향을 갖고 있으며, 두 가지의 영향을 동시에 받는다고 생각했습니다. 사람은 자기 안에 사랑과 증오, 이성과 감정, 다정함과 냉혹함, 아니마 혹은 아니무스, 즉 남성은 여성적 특성을, 여성은 남성적 특성을 동시에 지닌다는 것입니다.

　그러나 사람은 두 가지 면 중에 한쪽 면만을 드러내고, 다른 면은 억압할 때가 자주 있습니다. 그런데 이렇게 그림자에 억압된 한쪽은 파괴적인 작용을 하게 됩니다. 예를 들면, 억압된 감정은 우리 마음에 흘러넘쳐 지나친 감성으로 드러나게 되고, 억압된 공격성은 때때로 병으로 나타납니다.

따라서 우리가 더 나은 사람이 되려면 자신의 그늘진 면을 더 이상 거부하지 말아야 합니다. 대부분의 사람들은 다정하고 사랑이 가득한 사람이 되고 싶어 합니다. 그런데 자기 내면에서 냉혹하고 비정하며 타인에게 상처를 입히는 모습을 발견하면, 처음에는 그로 인해 충격을 받습니다.

예수님의 비유에 나오는, 좋은 씨를 뿌린 밭의 종들도 이러한 충격을 체험했습니다.

"줄기가 나서 열매를 맺을 때에 가라지들도 드러났다. 그래서 종들이 집주인에게 가서, '주인님, 밭에 좋은 씨를 뿌리지 않았습니까? 그런데 가라지는 어디서 생겼습니까?' 하고 묻자, '원수가 그렇게 하였구나.' 하고 집주인이 말하였다." (마태 13,26-28)

우리는 우리의 마음 밭에 좋은 씨를 뿌렸다고 생각합니다. 그렇지만 우리의 밀 밭에서 가라지도 발견하게 됩니다. 그러면 비유에 나오는 종들처럼 우리도 가라지를 뽑는 것이 최선책이라고 생각하겠지요. 그러나 이 비유에서, 주인은 종들에게 이렇게 이야기합니다.

"아니다. 너희가 가라지들을 거두어 내다가 밀까지 함께 뽑을지도 모른다. 수확 때까지 둘 다 함께 자라도록 내버려 두어라. 수확 때에 내가 일꾼들에게, 먼저 가라지를 거두어서 단으로 묶어 태워 버리고 밀은 내 곳

간으로 모아들이라고 하겠다."(마태 13,29-30)

우리는 착하게 살려고 하지만, 자신에게서 악한 성향도 발견합니다. 우리는 다정한 모습을 지니길 바라지만, 자신에게서 증오심과 복수심도 발견합니다. 이러한 가라지들에 놀라서 우리는 이것들을 뽑고 싶어 합니다. 그러나 이 비유에 나오는 가라지는 밀처럼 생겨서, 가라지를 뽑으면 밀도 함께 뽑게 될 것입니다. 따라서 완벽주의로 인해 자기 마음에서 모든 가라지를 뽑으려고 하는 사람은 결국 밀도 수확하지 못하고, 나아가 인생의 열매도 맺지 못할 것입니다. 인생에서 풍성한 수확을 얻으려면 완전무결한 사람이 되어야 하는 것은 아닙니다. 밀이 가라지보다 강하고, 가라지는 수확할 때 가려내질 것이라는 믿음을 갖는다면, 우리는 인생에서 풍성한 수확을 거둘 수 있을 것입니다.

내담자를 결점 없는 완벽한 사람으로 만드는 것이 영성 상담의 목표가 아닙니다. 그보다는 내담자가 자신에게 있는 밀뿐만 아니라 가라지도 인정하도록 용기를 북돋워 주는 것을 더 중요하게 다루지요. 그렇다고 해서 가라지가 무성하게 자라도록 놔둬야 한다는 말은 아닙니다. 어쨌든 우리는 가라지를 쳐내야 합니다.

그러나 우리 안의 가라지만을 골라 뽑을 수 있다는 착각에서 벗어나야 합니다. 그런 일은 수확할 때, 다시 말해 우리가 죽음을 맞이할 때에야 비로소 가능합니다. 그때 하느님이 몸소 우리 안에 있는 가라지를 떼어 내실 것이기 때문입니다.

다른 사람을 돕고자 하는 동기는 전적으로 순수하고 이타적이어야 한다고 생각하는 사람들이 많습니다. 물론 다른 사람을 위해서 헌신할 때 마음속에 다른 생각을 품지 말아야 합니다. 이는 우리의 이상이기도 하지요.

그러나 실제는 이와 다릅니다. 실제로 우리가 다른 사람들을 도우려는 동기는 복잡하고 순수하지 못할 때가 더 많습니다. 사제가 강론을 할 때 자신은 그저 하느님의 말씀을 선포할 뿐이라고만 생각한다면, 그는 자기 말에 숨어 있는 공명심과 자기 과시욕을 전혀 의식하지 못한 것이겠지요.

이 점에 있어서 예전의 수도승들은 자신을 더 너그럽고 겸손하게 대했습니다. 한 수도승이 예수님의 '가라지의 비유'를 자신의 삶에 구체적으로 적용한 이야기를 볼까요?

젊은 수도승이 원로 수도승을 찾아와서 어려움을 호소했습니다. 자신이 선행을 할 때면 어김없이 마귀들이 찾아와서 선행을 폄하하며, "넌 그저 사람들에게 잘 보이려고 그 일을 한 거야."라고 말한다는 것입니다.

  이 말을 들은 원로 수도승은 젊은 수도승에게 다음과 같은 이야기를 들려주었습니다. "농부 두 사람이 한 마을에 살고 있었다네. 그들 중에 한 사람은 잡초가 뒤섞인 씨앗을 조금 뿌렸고, 다른 한 사람은 그나마 씨앗도 뿌리지 않아 아무것도 수확하지 못했지. 기근이 닥치면, 이들 가운데 누가 살아남겠는가?" 젊은 수도승이 대답했습니다. "잡초가 섞였을지라도 씨앗을 뿌린 사람입니다." 그러자 원로 수도승이 말했습니다. "미처 골라내지 못한 씨앗일지라도 일단 조금 뿌려 보자고. 그래야 굶어 죽지 않을 테니 말이야."

  우리가 아무리 순수한 영성에 기초해서 한 행동이라도 다른 의도가 섞일 수 있습니다. 이것이 바로 가라지입니다. 우리가 사는 동안 우리의 마음 밭에는 가라지도 자랄 것입니다. 그러나 이 사실을 잘 헤아린다면, 이 가라지가 우리를 겸손하게 만들어 자신과 다른 사람들을 냉혹하게 대하는 잘못을 범하지 않도록 지켜 줄 것입니다.

자신을
있는 그대로 바라보라

루카 14,28-30

'착각' 또한 영성 상담에서 중요하게 다루는 주제 중의 하나입니다. 우리는 자신을 다른 사람들과 비교하며 그들처럼 되고 싶어 할 때가 많습니다. 또한 반드시 이루고 싶은 자신의 이상적인 모습을 그려 보기도 합니다. 그러나 자신이 바라는 대로 되기는 어렵기 때문에, 실망에 빠질 때가 많지요. 우리의 자화상은 너무 크거나, 아니면 너무 작기 때문입니다.

지나가던 사람을 자기 침대에 끼워 맞췄던 노상강도 프로크루스테스의 전설을 통해 우리의 자화상을 생각해 봅시다. 프로크루스테스는 자기 침대보다 작은 사람은 다리를 잡아 늘렸고, 침대보다 큰 사람은 사지를 잘랐습니다. 결국 그의 침대보다 크거나 작은 사람은 모두 목숨을 잃었지요. 우리 또한 자신보다 너무 크거나 너무 작은 '프로크루스테스의 침대'에 자신을 끼워 맞추며 살아갑니다. 영성 상담에서는 이와 같은 그릇된 자화상을 버리고 자신의 실제 모습을 발견하도록 도움을 줍니다.

이 주제와 관련하여 예수님은 탑 건설에 관한 짧은 비유를 들려주십니다.

"너희 가운데 누가 탑을 세우려고 하면, 공사를 마칠 만한 경비가 있는지 먼저 앉아서 계산해 보지 않느냐?" (루카 14,28)

융은 취리히 호숫가에 있는 볼링엔이라는 마을에 자신의 탑을 세웠습니다. 이에 관해 그는 "나는 내 가장 깊은 생각과 나만의 지식을 돌로 표현했다."라고 기록했습니다. 그 탑은 자신이 성숙해 가는 과정을 표현한 것이었지요. "처음부터 그 탑은 나의 성숙을 나타내는 곳이었다. 그 탑은 어머니의 모태를 형상화한 것인데, 거기에는 나의 과거와 현재, 미래의 모습이 있다. 그 탑은 마치 내가 돌로 다시 태어난 듯한 느낌을 주었다. 그것은 내가 꿈꿨던 일이 실현된 것으로, 그리고 개인적 각성이 표현된 것으로 다가왔다."

융은 이 탑에 자기 이외에 어느 누구도 들어올 수 없는 자신만의 공간을 만들었습니다. 그에게 이 탑은 자아 성취의 상징이자, 자신의 내면에 간직했던 생각과 지식의 표현이었습니다.

이처럼 탑은 예전부터 사람을 형상화한 의미로 쓰여 왔습니다. 탑의 둥근 모양은 사람의 온전한 모습을 가리킵니다. 탑은 땅에 뿌리를 박고 있지만 하늘을 향해 솟아 있습니다. 사람도 땅속 깊이, 다시 말해 자신의 삶에 깊이 뿌리를 내려야 하며, 그로써 똑바로 설 수 있고 하늘의 사람이 될 수 있습니다.

예수님은 우리가 지닌 자원이 얼마나 되는지 정확히 살펴보라고 말씀하십니다. 자원은 우리의 재능과 인생의 경험뿐만 아니라, 우리가 입은 상처까지도 의미합니다. 우리가 살아온 인생은 앞으로 모양을 갖춰 나가야 할 자원인 것이지요.

따라서 우리는 자신이 지닌 자원에 맞게 일해야 합니다. 자신을 다른 사람들과 비교하거나 자신에 대한 추상적인 관념을 토대로 탑을 쌓아 나가서는 안 되며, 자신이 처한 삶의 현실을 토대로 자신의 탑에 어울리는 형태를 곰곰이 생각하며 쌓아 나가야 합니다. 우선 생각을 해 보는 것에서부터 제대로 된 탑 세우기를 시작해야 하는 것이지요. 우리는 자신을 다른 사람들과 비교할 것이 아니라, 자신만의 개성 넘치는 탑을 세워야 합니다.

자신의 자원을 훌륭히 사용하여 탑을 세운다면, 그 탑은 자신만의 고유한 아름다움을 지니게 됩니다. 따라서 우리는 다른 이들의 탑을 보고 두려워하거나 탑 크기에 대해 불안해하지 않아도 됩니다. 우리는 그저 자기 내면의 모습과 자신이 지닌 자원에 따라 탑을 세우면 되는 것이니까요. 자신의 영혼과 인생을 들여다볼 때, 자신의 탑을 세우는 데 사용할 수 있는 자원이 얼마나 되는지 알게 됩니다. 다시 말해 자신의 재능과 한계, 자신이 지닌 밑천과 부족함, 사랑의 체험과 생의 상처가 무엇인지 알게 되는 것이지요. 이 모든 것은 탑의 형태를 갖춰 나가는 데 필요한 자원입니다. 이러한 과정을 거쳐 우리는 스스로 지은 탑에서 살게 되며, 그 탑은 자신의 본성에 상응하게 됩니다.

탑 건설에 관한 짧은 비유를 통해 예수님은 우리가 착각이나 자기 비하를 떨쳐 버리고, 자신의 탑을 세우는 일에 흥미를 갖도록 우리를 초대하십니다. 자신이 만든 탑은 다른 이들의 탑들 가운데에서 자신의 본성을 반영하게 될 것이고, 자신의 정당성을 지니게 될 것입니다. 그 탑이 다른 사람들의 것보다 더 크거나 더 작아도 상관없습니다. 그것은 자신의 본성과 인생의 경험에 걸맞는 모습을 지닐 것이기 때문입니다.

마음 밭을
비옥하게 가꾸는 법

루카 13,6-9

    상담을 하다 보면 상담자와 내담자 모두가 상담 결과에 대해 실망감을 느끼는 상황이 올 수도 있습니다.

    상담자는 내담자에게 아무런 변화가 없어 보일 때 실망을 느낄 수 있습니다. 내담자에게 자신을 어떻게 대해야 하고, 어떻게 해야 내적으로 성장할 수 있는지 분명히 알려 주었지만, 그것들이 내담자에게 아무 도움도 되지 못했다고 느낄 수 있습니다.

    내담자는 자신에게 아무런 변화가 없다고 느끼면, 그 사실에 실망합니다. 자신의 나무는 전혀 열매를 맺지 못했으며, 지금까지의 모든 노력이 수포로 돌아간 것 같다는 생각에 빠집니다.

이러한 실망감을 느끼면 스스로 이렇게 묻게 됩니다. '내 삶에는 어떤 의미가 있을까? 나는 누구에게 도움이 될까? 나는 그저 다른 사람의 자리를 차지하고 있는 것은 아닐까?' 때로는 자신의 존재 이유를 의심하면서 더러는 "난 태어나지 않는 게 더 좋을 뻔했어. 난 그저 다른 사람들에게 짐이 될 뿐이야."라고 침통하게 말하기도 합니다.

이러한 경험과 관련하여 예수님은 '열매를 맺지 못하는 무화과나무의 비유'를 들려주십니다. 이 비유에서 밭 주인은 재배인에게 다음과 같이 말합니다.

"보게, 내가 삼 년째 와서 이 무화과나무에 열매가 달렸나 하고 찾아보지만 하나도 찾지 못하네. 그러니 이것을 잘라 버리게. 땅만 버릴 이유가 없지 않은가?"(루카 13,7)

이 비유는 3년 동안의 상담이 전혀 결실을 가져오지 못한 상황과 유사하다고 볼 수 있습니다. 상담자는 가능성이 없는 내담자를 계속 돌보는 것보다 다른 사람에게 힘을 쏟는 것이 더 낫겠다고 생각합니다.

내담자도 상담은 받고 있지만 아무런 결실도 없으며, 자기가 상담자의 시간만 뺏고 있다고 생각합니다. 내담자는 자기 인생이 쓸모없는 것은 아닌지 스스로 의혹을 품지요. 그는 인생을 의미 있게 살아 보려고 했지만, 지금은 자신이 쓸모없고 메말랐으며 열매를 맺지 못했다고 여깁니다. 그런데 이러한 상황에 대해 재배인은 이렇게 말합니다.

"주인님, 이 나무를 올해만 그냥 두시지요. 그동안에 제가 그 둘레를 파서 거름을 주겠습니다. 그러면 내년에는 열매를 맺겠지요. 그러지 않으면 잘라 버리십시오." (루카 13,8-9)

재배인은 희망을 버리지 않습니다. 상담자와 내담자는 이 비유를 통해 이러한 희망을 마음에 새겨야 합니다. 내담자는 상담하는 동안 대화를 통해, 그리고 자신의 진실을 마주함으로써 자신의 마음 밭을 갈 수 있습니다. 내적인 변화를 거부하는 심리적 기제들은 언젠가는 더 이상 작동하지 않게 됩니다. 그러면 내담자는 자신의 진실을 마주하게 되지요. 그때는 저항이 허물어지고, 마침내 자신의 삶을 살며 자신의 진실을 바라보기 시작할 것입니다.

밭을 가는 일은 나무가 열매를 맺게 하기 위한 첫째 조건입니다. 둘째 조건은 거름을 주는 일입니다. 그것은 관심과 사랑을 의미하는데, 그를 통해 내담자의 나무를 꽃피우게 만드는 것이지요. 나무에는 가축의 배설물을 거름으로 사용하는데, 이와 마찬가지로 사람에게는 자기 인생의 배설물이 거름으로 쓰일 수 있습니다.

신비가이자 설교가인 요하네스 타울러는 이러한 비유를 말했습니다. "농부는 매일같이 두엄을 밭에 뿌려 주었고, 1년이 지나자 밭에 열매가 열렸다." 우리가 남긴 배설물, 즉 다른 사람들로부터 존경과 칭찬을 받기 어려운 실패의 경험들이 바로 우리의 인생이라는 나무가 자라는 밭을 기름지게 하고, 그 나무를 꽃피우게 하는 거름이 됩니다.

'열매를 맺지 못하는 무화과나무의 비유'는 도덕을 설파하려는 것이 아닙니다. 이 이야기는 우리의 삶에 나쁜 영향을 미치는 모든 부정적인 생각들을 바꾸기 위해 우리가 마음속에 지녀야 하는 표상들을 보여 줍니다. '어차피 나에겐 되는 일이라곤 없어.', '나는 구제 불능이야.', '나는 이 일에 맞는 사람이 아니야.', '다 부질없는 짓이야.', '더 나아갈 수가 없어.'와 같은 부정적인 생각을 바꾸도록 이끌어 주는 것이지요.

이 비유는 우리의 마음을 움직입니다. 이 이야기를 듣고 우리 마음에 새기는 것만으로도 우리의 마음 밭을 갈고 거름을 주는 일이 됩니다. 그러나 이 비유는 우리에게 희망만 주는 것이 아니라, 우리가 할 수 있는 일을 행하라는 요구도 합니다. 나무가 도무지 열매를 맺지 못한다면, 그 나무는 존재의 이유를 잃기 때문이지요.

  또한 우리는 자신의 나무가 커다란 열매를 맺어야 한다는 생각을 떨쳐 버려야 할 것입니다. 나무란 작은 열매를 맺더라도, 아니면 그저 그늘만 제공하더라도 제 몫을 하기에 충분한 것이니까요.

온전한
자기 자신이 되어라

마태 22,1-10; 마태 25,1-13; 루카 14,15-24

    융은, 우리 인생 여정의 목표는 온전한 자기 자신이 되는 거라고 보았습니다. 예수님은 '혼인 잔치의 비유'로(마태 22,1-10 참조) 온전한 자신이 되려는 열망에 대해 말씀하셨지요.

  이야기에 나오는 '혼인 잔치'는 온전하게 되는 것을 뜻하는 표상이며, 동시에 남자와 여자, 하늘과 땅, 이성理性과 감성, 빛과 어둠처럼 서로 반대되는 개념들의 일치를 의미합니다. 예수님은 세 가지 혼인 잔치에 관한 비유를 통해 우리가 온전하게 되는 길을 제시하십니다.

  먼저, '열 처녀의 비유'는 슬기로운 다섯 명의 처녀들만 혼인 잔치에 들어갈 수 있었다는 이야기를 다룹니다(마태 25,1-13 참조).

슬기로운 처녀들은 이성의 통찰에 따라, 뚜렷한 의식으로 신중하고 깨어 있는 삶을 살았습니다. 어리석은 처녀들은 무지하지는 않았지만 별다른 의식 없이 하루하루를 보냈고, 세심하게 혼인 잔치를 준비하지 않았습니다. 그들은 신랑을 맞이하러 갈 때 들어야 할 등에 기름이 부족하게 되리라고 미처 예상하지 못했습니다. 그리하여 기름을 사러 갔다가 너무 늦게 돌아온 탓에 닫힌 문 앞에 서게 되었지요.

꿈에 '닫힌 문'이 나올 때에는 자신의 내면과 단절된 상태를 의미합니다. 온전하게 됨을 축하하는 잔치는 우리가 매 순간 뚜렷한 의식과 함께 깨어 있고 온전한 삶을 살 때에만 누릴 수 있습니다. 그리스도는 우리와 함께 혼인 잔치를 여시려고 매 순간 우리 마음의 문을 두드리시고 계십니다.

예수님은 혼인 잔치에 관해 또 다른 두 가지 비유를 말씀하셨습니다. 마태오 복음서와 루카 복음서에는, 내용은 비슷하지만 결말은 서로 다른 비유가 나옵니다.

마태오 복음서에서 임금은 자기 아들의 혼인 잔치에 손님을 초대합니다. 그러나 초대받은 손님들은 혼인 잔치에 오지 않았고, 그 대신에 자신들의 이익을 추구했습니다. 심지어 어떤 이들은 종들에게 달려들어 그들의 목숨을 빼앗았습니다. 임금은 군대를 보내 그 살인자들을 죽였습니다.

초대받은 이들이 종의 목숨을 빼앗았다는 것은, 온전하게 됨을 축하하는 잔치로 초대하는 내면의 소리를 우리 스스로 짓누르는 것을 뜻합니다. 이러한 내면의 소리는 우리의 단조로운 일상이나 이미 굳어진 생활 방식에 방해가 되는 것처럼 느껴질 수도 있지요. 그러나 온전하게 만들려는 초대에 그릇된 방식으로 응한다면, 우리에게 더 이상의 기회는 없습니다.

예수님은 본래의 이야기에서 조금 벗어나 군사적인 이야기를 하십니다. 그리고 뒤에서 다시 잔치 이야기를 계속하시지요. 종들은 이제 만나는 사람들 모두를 초대해야 했습니다. 그들은 선한 사람과 악한 사람을 가리지 않고 모두 불러 모았습니다. 악한 사람들도 온전하게 됨을 축하하는 잔치에 초대되었다는 사실은 놀랄 만한 일입니다.

그러나 분위기는 다시 바뀝니다. 임금은 손님들 가운데서 혼인 잔치 예복을 갖춰 입지 않은 사람을 발견했습니다. 그가 예복을 입지 않은 이유를 밝히지 못하자, 임금은 그를 바깥의 어둠 속으로 내던져 버리게 했습니다.

우리에게 있는 모든 것은 그것이 선한 것이든 악한 것이든 온전하게 됨을 축하하는 잔치에 초대받았습니다. 또 초대를 받은 것에서 그치는 것이 아니라, 그 초대에 응하려는 우리의 행동이 필요하지요.

그렇다면 이 비유에서 예복은 무엇을 의미할까요? 어떤 사람들은 임금이 손님들에게 예복을 보냈을 것이라고 추측하며, '예복을 입는다'는 것은 잔치의 주관자인 임금을 존중하는 표시라고 봅니다. 어떤 사람들은 잔치 예복은 아니더라도 깨끗한 옷을 입고 잔치에 왔어야 했다고 주장합니다. 이 경우 예복은 '온전함의 신비를 세심하게 준비하는 일'에 해당되지요. 이는 기쁜 소식이라 할 수 있는데, 어둡고 악한 것일지라도 자신에게 있는 모든 것은 하느님과 하나가 될 수 있기 때문입니다. 우리는 우리 안의 모든 것에 사랑의 예복을 입혀야 합니다. 그리고 그 모든 것을 의도적으로 하느님께 내보여야 합니다. 그렇게 하지 않으면 우리 안의 모든 것은 변화되지 않을 것이고, 따라서 혼인 잔치를 하거나 온전하게 되는 일도 없을 것입니다.

루카 복음서에서 이 비유의 핵심은 다른 데에 있습니다. 루카 복음서에는 성대한 잔치를 열고 많은 사람들을 초대한 사람의 이야기가 나옵니다. 그런데 초대받은 손님들은 제각기 변명을 늘어놓았습니다. 어떤 이는 자기가 구입한 밭을 더 중요하게 생각했습니다. 또 어떤 이에게는 다섯 쌍의 겨릿소가 더 중요했습니다. 소는 성공과, 자신의 능력에 대한 신뢰를 상징하지요.

이처럼 재산은 우리가 온전함에 이르는 데에 방해가 될 수 있습니다. 자신의 능력을 지나치게 신뢰하고 성공만을 중시하는 사람은, 자신과 자신의 마음을 단절시키고, 결국 참된 자아를 부정하게 됩니다.

융은 성공적인 삶이 변화의 가장 큰 적이라고 했습니다. 성공에 안주하는 사람은 더 이상 자기 내면을 들여다보지 않으며, 그의 내면은 인간적으로 미성숙한 상태에 머뭅니다.

잔치에 참여하는 것을 가로막는 세 번째 장애물은 혼인입니다. 대체로 혼인은 사람에게 유익한 것이지만, 온전한 자기 자신이 되는 것을 방해하는 혼인 관계도 있지요.

루카 복음서에서 주인은 초대받은 이들이 한 명도 오지 않자, 종들에게 명했습니다. "어서 고을의 한길과 골목으로 나가 가난한 이들과 장애인들과 눈먼 이들과 다리 저는 이들을 이리로 데려오너라."(루카 14,21)

주인의 말에서 알 수 있듯이 우리의 가난과 상처, 앞이 보이지 않음과 절름거림이 오히려 우리를 온전함에 이르도록 이끌 수 있습니다. 우리에게 약점으로 여겨지는 것들마저도 하느님의 온전함 속에 내보여야 합니다. 우리가 우리의 약점들을 하느님께 고스란히 내보여 그분 안에 받아들여질 때에만 비로소 우리는 온전해질 수 있습니다. 우리가 하느님께 숨기는 것이 있다면, 우리의 온전함은 완성되지 않습니다. 사실 우리가 자신의 약점들을 인정하지 않는다면, 자신의 긍정적인 면모만을 내세우는 반쪽 사람으로서의 인생을 사는 것입니다. 가끔씩 이런 사람들을 만나면 아무런 매력도 느낄 수 없는 이유가 바로 이것입니다. 그들에게 무언가가 부족하기 때문이지요.

온전치 않은 사람들이 많이 왔음에도 불구하고 잔칫상이 채워지지 않자 주인이 종에게 말했습니다. "큰길과 울타리 쪽으로 나가 어떻게 해서라도 사람들을 들어오게 하여, 내 집이 가득 차게 하여라." (루카 14,23)

본래 이 구절에 나오는 사람들은 예루살렘 외곽에 사는 사람들, 곧 예수님의 잔칫상에 초대받은 이방인들을 의미합니다. 하지만 이 구절의 말씀을 우리가 온전해지도록 이끄시는 가르침으로 생각한다면, 우리는 예수님이 이렇게 말씀하시는 것으로 받아들일 수 있습니다.

"네가 의식하지 못했던 일과, 네가 언젠가 방치했던 일, 네가 일찍이 체험했던 모든 일들이 하느님과의 일치 안에 받아들여질 것이다. 네가 인생에서 겪은 일들은 모두 다 소중하다. 네가 일찍이 체험했던 모든 일들도 함께 가져오너라. 그것들도 네가 온전해지는 일에 속한 것이다. 네가 걸었던 우회로와 미로도 내버리지 말아라. 그 길 또한 너를 하느님에게 있는 너의 참된 자아로 이끌기 위한 것이었다."

예수님의 이러한 말씀은 우리에게 희망을 줍니다. 나아가 그분께서 주시는 이러한 가르침을 잊지 말아야 할 것입니다.

"네게 있는 모든 것들이 소중하다. 그것들을 평가하는 마음을 멈추고, 하느님께 내보여라. 그래야 네가 온전해질 것이기 때문이다. 네 안의 모든 것이 하느님의 영과 사랑에 의해 변화되고 싶어 한다. 그로써 너를 이루고 있는 모든 것에서, 하느님이 만드셨던 너의 본래적인 형상이 갈수록 빛을 발할 것이다."

마음의 씨앗을
열매로 가꾸는 법

마태 13,1-9

　　영성이나 심리적인 면에서 더 나아지기 위해 많은 노력을 기울였는데도, 별 진전을 보지 못하고, 자신의 삶을 꽃피우거나 열매를 맺지 못해 고통을 겪는 이들이 많습니다.

　이러한 체험과 관련하여 예수님은 '씨 뿌리는 사람의 비유'를 통해 답을 주십니다. 씨들 가운데 어떤 것들은 길 위에, 어떤 것들은 돌밭에, 또 어떤 것들은 가시덤불에 떨어졌습니다.

　사람들의 발걸음에 씨앗이 짓밟히는 길은, 사람의 완고한 마음과 외적으로 공개된 장소를 상징합니다. 외적인 것만을 추구하는 사람에게서 하느님 말씀의 씨앗은 싹틀 수 없습니다. 돌밭은 별다른 이유나 근거 없이 쉽게 열광하는 사람들을 상징합니다. 어려움이 닥치면 그들은 쉽게 말라 버립니다. 가시덤불은 씨앗의 숨통을 막아 버리는 걱정을 상징하기도 하고, 삶에서 생기는 상처들을 상징하기도 합니다. 상심이 깊은 나머지 어떤 말로도 위로할 수 없고, 뿌려진 씨앗이 싹틀 수 없는 사람들의 마음처럼 말이지요.

예수님은 무슨 까닭으로 우리 안에 있는 많은 것들이 그처럼 조금밖에 싹을 틔우지 못하는지를 설명해 주십니다. 그분은 우리의 잘못을 지적하심으로써, 우리 내면에 단단하게 다져진 길과 돌밭, 가시덤불이 있음을 깨닫게 하십니다.

그러나 그와 동시에 예수님은 우리에게 희망도 주십니다. 우리 내면에 뿌려진 씨앗들 가운데 어떤 것들은 좋은 땅에 떨어졌다는 말씀으로 말이지요. 좋은 땅에 떨어진 씨앗들은 우리 안에서 싹트고 열매를 맺는데, 이에 대해 성경에서는 이렇게 말합니다. "어떤 것들은 좋은 땅에 떨어져 열매를 맺었는데, 어떤 것은 백 배, 어떤 것은 예순 배, 어떤 것은 서른 배가 되었다." (마태 13,8)

우리가 하느님 말씀의 씨앗을 좋은 땅에 떨어지게 한다면, 다시 말해 그분의 조용한 자극을 우리의 열려 있는 넓은 마음으로 떨어지게 한다면, 우리의 삶은 꽃필 것입니다.

그러나 이에 앞서 우리는 삶의 고난에 짓밟혀 딱딱하기도

하고, 구덩이가 있어 발이 빠져 옴짝달싹 못하기도 하며, 고통을 겪게 되기도 하는 이 고통의 길을 인식해야 합니다. 그러고 나면, 우리에게 양분을 공급해 줄 뿌리가 잘 자라게 되고, 우리 안에서 꽃피고자 하는 것을 질식시키려는 가시덤불도 쉽게 제거할 수 있게 됩니다. 그런 후에야 비로소 우리 마음 밭에 있는 좋은 땅도 발견할 수 있습니다.

일상에 신선한 변화를
불어넣어라

마태 13,33; 루카 13,20-21

상담을 하다 보면 간혹 이러한 이야기를 듣게 됩니다. "전 책을 많이 읽어서 어떻게 살아야 하는지 알고 있어요. 하지만 그렇게 살진 못해요." 또 어떤 부인은 제게 이렇게 말했습니다. "저는 오랫동안 심리 상담을 받아 왔어요. 상담 중에는 어떻게 살아야 할지 깨닫게 되지요. 그런데 일상에서는 언제나 예전 방식을 따르게 돼요."

이런 고민에 대해 예수님은 '누룩의 비유'를 통해 답을 주십니다. 마태오 복음서에서 말하는 '하늘나라'나, 루카 복음서에서 말하는 '하느님의 나라'는 "어떤 여자가 그것을 가져다가 밀가루 서 말 속에 집어넣었더니, 마침내 온통 부풀어"(마태 13,33) 오르는 누룩과 같습니다. 밀가루는 우리의 삶이 손가락 사이로 빠져나가 잡을 수 없음을 상징합니다. 또 밀가루가 바람에 휩쓸리면 먼지처럼 모든 것을 덮어 버립니다. 그러나 이 밀가루에 누룩을 섞으면, 우리가 먹는 빵을 많이 만들 수 있게 되지요.

이 비유를 통해 예수님은 우리에게 용기를 주고자 하십니다. 우리의 삶은 손가락 사이로 빠져나가는 밀가루 같기만 한 것이 아닙니다. 우리가 하는 모든 일에 예수님의 복음이라는 누룩을 섞으면, 우리의 삶 전체는 자신뿐만 아니라 다른 이들도 배불리 먹이는 빵이 될 것입니다.

이 구절에서는 부피를 세는 단위인 '말'이 나오는데, 서 말은 거의 54리터에 달하는 큰 부피입니다. 그래서 많은 학자들이 이 구절을 밀가루가 담긴 커다란 통에 누룩을 섞었다고 단순하게 번역했습니다. 그러나 서 말, 즉 '3'은 상징적인 숫자입니다. 사람은 머리·가슴·배, 또는 정신·영혼·육체라는 세 가지 영역으로 이루어져 있습니다. 많은 철학자와 심리학자들도 사람을 이러한 세 가지 영역으로 구분했지요. 이 세 영역은 여러 우화에서 세 명의 왕자로 묘사되기도 합니다.

이 세 가지는 사람의 모든 영역을 대변합니다. 그러기에 하느님의 나라는 이 세 영역 모두에서 드러나야 합니다. 세 영역이 자기 자신과 분리되어서는 안 되고, 하느님에 의해 다스려져야 하는 것입니다. 우리의 정신은 우리를 그릇된 방향으로 이끄는 낯선 생각들의 지배를 받을 때가 자주 있습니다. 우리의 영혼은 모욕으로 상처를 받으며, 영혼의 자유를 빼앗는 생활 방식의 지배를 받습니다. 어떤 이들에게 육체는 거부해야 할 적이지만, 또 어떤 이들에게 그것은 숭배의 대상이라서 그들은 육체와 육체적 욕구의 지배를 받습니다. 그러나 이 모든 영역에서 지배자는 항상 하느님이어야 합니다. 그럴 때 비로소 사람은 자기 본성에 맞는 길을 가게 됩니다.

커다란 통에 들어 있는 밀가루에 비해, 누룩은 아주 적은 양이지만 반죽 전체를 발효시킵니다. 하느님의 나라도 우리의 눈으로 볼 수 없고 감지하기도 어렵지만, 그 나라는 우리가 다 알 수 없을 만큼 크지요. 우리는 하느님이 우리에게 있는 모든 것들을 꿰뚫고 계심을 믿을 수 있습니다.

우리는 '하느님의 영'이라는 누룩이 사람의 세 가지 영역 모두에 스며들게 하기 위해 노력해야 합니다. 그럴 때 우리에게 있는 모든 것은 영양분을 공급하는 빵이 될 것이고, 이는 자신뿐만 아니라 다른 이들에게도 결실을 가져다줄 것입니다. 그로써 우리의 영혼은 더 이상 강박의 지배가 아니라, 하느님의 지배를 받게 될 것입니다. 그러면 우리의 육체에 하느님이 스며드실 수 있게 되고, 우리의 육체는 참된 아름다움과 매력을 지니게 될 것입니다.

예수님은 '누룩의 비유'를 통해 우리에게 어떤 일을 수행하라고 요구하시거나, 억지로 우리 생활 방식을 바꾸라고 요구하시지 않습니다. 그분은 우리가 자신에게 일어나는 일들을 스스로 받아들이도록 초대하시는 것이지요.

이 비유에서 밀가루에 누룩을 섞는 사람은 여성입니다. 여성은 자주 사람의 내부 영역인 영혼을 상징합니다. 영혼은 하느님의 나라와, 하느님이 우리를 다스리신다는 것을 직감적으로 알고 있습니다. 우리의 일상이라는 밀가루에 영혼이라는 누룩을 섞으면 우리 안에서 변화가 일어납니다. 우리 안의 모든 것은 곧 생명력을 갖게 되고, 하느님의 영이 그 모든 것에 각인됩니다. 우리 영혼 깊은 곳에서 변화가 일어나는 것이지요. 우리의 일상이 여전히 잡다하게 여러 갈래로 나뉘어져 있다 할지라도, 우리는 자신의 참된 본성을 눈으로 볼 수 있게 됩니다.

가장 근원적인
열망을 채워라

루카 15,11-32

재능이 풍부한 루카 복음사가는 예수님의 가장 아름다운 비유를 우리에게 전해 줍니다. 그가 들려준 '되찾은 아들의 비유'는 사람들에게 큰 감동을 주지요. 그런데 이 이야기가 사람들에게 그토록 감동을 주는 이유는 무엇 때문일까요?

이 비유는 사람들의 가장 깊은 열망을 끄집어냅니다. 그것은 낯선 땅에서 고향으로, 본래적이지 않은 것에서 본래적인 것으로, 죽음에서 생명으로 다시 돌아가고자 하는 열망입니다. 또한 그것은 어떤 상황에서라도, 설사 우리가 그릇된 길로 접어들었다 하더라도 몸을 돌려 다시 되돌아올 수 있는 가능성에 대한 열망이며, 결국 우리의 진정한 본향에 이르고자 하는 열망입니다.

예수님은 이 비유에서 우리 모두가 아는 두 가지 태도를 묘사하십니다. 이 비유에 나오는 두 아들은 각각 우리 안에 있는 양극단을 대변합니다. 한쪽 극단에는 가족과 규범과 법의 제약에서 벗어나 굴곡진 인생을 살며 여러 가지를 배워 나가는 작은아들의 모습이 있습니다. 또 다른 극단에는 아버지의 자비로움에 화를 내는 큰아들의 모습이 있지요.

작은아들은 주어진 인생 그대로를 살려고 하지 않았습니다. 그는 자기 방식대로 살면서 인생을 마음껏 즐기고자 했습니다. 이는 앞날을 생각하지 않고 지금 이 순간의 즐거움만을 좇는 태도이며, 바로 우리 시대 젊은이들의 전형적인 모습이기도 합니다.

2010년 9월 10일자 독일의 일간 신문 〈쥐트도이체 차이퉁 *Süddeutsche Zeitung*〉은 한 젊은이의 말을 전합니다. "밖으로만 나돌고 싶은 마음이 사라지질 않아요. 그래서 집에서 나와 친구들을 찾아가거나 클럽과 술집에 가서 실컷 마시기도 하지요. 가장 좋은 점은 더 이상 집에 있지 않아도 된다는 거예요. 집에는 더 이상 숨을 곳도 없고, 내 방도 없고, 방문을 잠글 수도 없어요. 전화는 거실에만 있고, 가구들만 저를 반겨 주는 그런 집에 있지 않아도 되지요."

그러나 예수님의 비유에 의하면, 작은아들은 위와 같은 생각 때문에 자기 자신을 잃게 되었습니다. 그는 격식 없는 방탕한 삶을 살았고, 그로 인해 그는 무분별하고 무절제한 모습을 지니게 되었습니다. 결국 그는 자기 재산을 탕진하고, 금세 싫증을 느끼는 쓸데없는 일에 자신을 허비한 것이지요. 그의 상황은 갈수록 악화되었습니다. 끊임없이 자유를 갈망했던 그는 이제 살아남기 위해 낯선 이에게 일을 달라고 조르는 처지가 되었습니다. 그리고 마침내 그는 자기 민족(유대인)이 부정하다고 여기는 돼지들 곁에 머물게 되었습니다. 그는 최악의 나락으로 떨어졌습니다.

이런 상황에 빠지면 자신에 대한 희망을 포기하는 이들이 많습니다. 인생을 망가뜨리고 모든 일에 실패한 자신을 용서할 수 없는 것입니다. 그들의 자존심이 그것을 허락하지 않지요. 재산을 탕진한 작은아들은 아버지와, 이제껏 바르게만 살아온 형의 얼굴을 볼 생각을 어떻게 할 수 있었을까요? 형은 틀림없이 이렇게 말할 것입니다. "난 네가 결국 이런 구렁텅이에 빠질 줄 이미 알고 있었어." 사람들은 이러한 악의적인 조롱을 담은 말을 듣는 순간을 당연히 피하고 싶어 합니다.

그러나 작은아들은 다르게 대처했습니다. 그는 신적인 부담을 크게 느끼며, 자신의 지난 행동을 깊이 반성했습니다. 비로소 그는 제정신을 차렸습니다. 라틴어 성경은 이 부분을 "그는 자기 자신에게로 돌아섰다in se autem reversus."라고 옮겼습니다. 제정신이 든 작은아들은 귀향에 대한 열망을 느꼈습니다.

그가 아버지의 품팔이꾼들과 자신의 처지를 비교해 보니, 그들의 상황이 자신보다 나았습니다. 그래서 그는 이렇게 결심했습니다.

"일어나 아버지께 가서 이렇게 말씀드려야지. '아버지, 제가 하늘과 아버지께 죄를 지었습니다. 저는 아버지의 아들이라고 불릴 자격이 없습니다. 저를 아버지의 품팔이꾼 가운데 하나로 삼아 주십시오.'" (루카 15,18-19)

그리스어 원문을 보면 이 구절에 '아나스타스$\alpha\nu\alpha\sigma\tau\grave{\alpha}\varsigma$'라는 단어가 나오는데, '나는 일어나고자 한다.'라는 뜻입니다. 이 '일어나다'는 말은 그리스어에서 부활을 나타냅니다. 이 단어에서 그의 부활 의지를 느낄 수 있는 것이지요. 스스로 죽었다고 느꼈던 작은아들이 이제 부활하기를 원한 것입니다.

그런데 작은아들을 만난 아버지는 그가 예상했던 것과는 전혀 다른 반응을 보였습니다. 아버지는 아들을 비난하거나 욕하지 않았습니다. 오히려 아들을 맞이하러 뛰어나와 그의 목을 껴안고 입을 맞추었습니다. 그리고 아버지는 큰 잔치를 벌였습니다. "먹고 즐기자. 나의 이 아들은 죽었다가 다시 살아났고 내가 잃었다가 도로 찾았다." (루카 15,23-24)

아버지는 작은아들에게 아무런 질책도 하지 않았고, 자기 아들이 돌아온 것을 기뻐하기만 했습니다. 그는 자기 아들이 죽었다가 다시 살아난 것처럼 기뻐했으며, 세상에 나가 스스로를 잃어버렸던 아들이 제정신을 차리고 자신의 참된 본성을 되찾은 것을 기뻐했습니다.

이 비유를 통해 예수님은 회개와 용서를 반대하는 우리의 무의식과 우리 마음속의 장애물들을 깨부수십니다. 우리가 잘못을 저질렀을 때 우리 마음에는 자신을 비난하는 마음이 싹틉니다. 때때로 자신을 용서하지 못하기도 하지요. 하느님이 우리를 용서하셨기 때문에 우리도 스스로를 용서해야 한다는 권고는 머릿속에서만 맴돌 뿐, 실제로 우리의 마음을 움직이지는 못합니다. 그런 까닭에 우리의 마음속 깊은 곳에, 그리고 우리의 무의식에 변화를 가져오고, 우리가 스스로를 용서할 수 있게 만드는 비유가 필요합니다. 이 비유에 감동을 받은 우리는 자신을 용서하는 일을 가로막았던 마음속 장애물들을 허물 수 있게 되지요.

우리가 자신을 잃어버리게 되면, 우리는 스스로를 비하하게 됩니다. 비유 속의 작은아들처럼 스스로를 품팔이꾼과 종의 신분으로 낮추는 것이지요. 그러나 이처럼 자신을 평가 절하하는 것은 결국 자신에게서 도망치는 행동입니다. 또한 이러한 행동 때문에 자기 자신과 자신의 참된 본성으로 되돌아가지 못하는 것입니다.

하지만 이 비유로 우리는 자신을 새롭게 평가하게 됩니다. 지금까지 우리가 어떤 삶을 살았든, 자기 자신에게로 되돌아갈 용기가 생기게 되는 것입니다. 우리는 자신도 모르는 사이에 다시 기운을 얻고, 작은아들과 더불어 자신의 가치를 되찾아, 다시 올바르게 인생을 살 수 있게 됩니다. 또한 우리는 죽음에서 생명으로 부활했고 자신을 다시 찾았기 때문에, 자신의 과거를 질책하지 않고 감사하는 마음으로 현재를 살아갈 수 있게 되지요.

그러나 큰아들은 아버지의 전 재산을 탕진한 동생을 아버지가 너그럽게 대하는 것을 보고 화가 났습니다. 게다가 이제는 자신이 동생을 위해서도 일해야 했습니다. 큰아들은 지금까지 모든 계명을 지켜 온 순종적인 아들이었습니다. 그러나 그의 훌륭한 태도 이면에는 공격적인 성향과 성적인 환상이 숨어 있었습니다. 그는 자기 동생에 관해 아무것도 알려고 하지 않았습니다. 동생이 아버지로부터 받은 제 몫의 유산을 창녀들과 함께 탕진했다고 생각했기 때문이지요. 이 비유에서 그 부분에 관한 이야기는 자세히 나오지 않습니다. 그런데 큰아들의 말에서 동생에 대한 그릇된 생각과 그의 억압된 환상이 드러납니다.

순종적인 큰아들도 회개해야 합니다. 다시 말해 그는 편협한 마음에서 넓은 마음으로, 냉혹한 마음에서 너그러운 마음으로 돌아서야 합니다. 아버지는 큰아들의 마음을 이해하면서도 그에게 변화를 요구했습니다. 아버지는 큰아들에게 부드러운 말로 이미 그와 자신은 하나임을 일깨워 주었지요.

"얘야, 너는 늘 나와 함께 있고 내 것이 다 네 것이다. 너의 저 아우는 죽었다가 다시 살아났고 내가 잃었다가 되찾았다. 그러니 즐기고 기뻐해야 한다." (루카 15,31-32)

아버지는 큰아들을 질책하지 않았습니다. 아버지이신 하느님은 큰아들뿐만 아니라, 큰아들의 모습을 지닌 우리도 기쁨으로 초대하십니다. 이 비유는 큰아들이 회개했는지를 확실히 보여 주지 않습니다. 예수님은 이 비유를 통해 우리에게 무엇을 하라고 강요하시는 것이 아니라, 우리를 초대하실 뿐입니다. 이 비유를 가슴으로 듣고 자신의 이야기로 받아들일 때, 편협했던 우리 마음은 넓어지면서 결국엔 활짝 열리게 될 것입니다. 그럴 때 우리는 자기 자신뿐만 아니라 다른 사람들도 용서할 수 있게 됩니다. 또한 자기 자신을 되찾을 수 있고, 지난 잘못과 실패를 끊임없이 질책하기보다는 자신의 길을 새롭게 걷기 위해 일어설 수 있습니다. 그리하여 우리는 생명의 잔치가 벌어지는 우리의 본고향에 다다를 수 있게 됩니다.

잃어버린 자아를
찾는 법

루카 15,8-10

'되찾은 아들의 비유'에서 '상실'이라는 주제를 이미 다뤘지만, 거기서는 그 주제를 주로 죄의 관점에서 살펴보았습니다. 이번에 이야기할 '되찾은 은전의 비유'에서는 죄의 관점 대신, 우리가 우리의 중심인 자아를 잃었다는 관점에서 '상실'이라는 주제를 살펴볼 것입니다. 이 비유는 더 이상 자신이 누구인지 알 수 없고, 마음의 고향도 잃어버렸다고 생각하는 이들, 또한 자신의 이상뿐만 아니라 본래 지녔던 활기와 힘, 심지어 감동을 느끼는 마음까지 잃었다고 생각하는 이들에게 깨달음을 줄 것입니다.

내담자들이 영성 상담에서 "예전에는 중요하게 여겼던 것들을 많이 잃어버렸어요."라고 고백할 때가 종종 있습니다. 이를 테면, "저는 하느님과의 관계가 멀어졌어요."라든가, "저는 제 소명을 잃었어요.", "저는 그냥 무미건조하게 살고 있어요."와 같은 말이지요. '되찾은 은전의 비유'는 이러한 내적인 상실감에 답을 제시합니다.

이 비유의 주인공은 한 여성입니다. 흥미롭게도 루카 복음서에서 여성은 자주 과부나 혼자 사는 부인으로 등장합니다. 이는 여성이 남편에 의해 그 위치가 정해지는 존재가 아니라, 스스로 영적인 균형과 조화를 이룬 존재라는 것을 의미합니다. 이와 마찬가지로 이 비유 속의 여성도 남편과의 관계가 아니라, 자아와 자신의 자리를 찾는 일이 중요하다는 것을 나타냅니다.

이 비유에 나오는 부인은 은전 열 닢을 갖고 있었습니다. '10'이란 숫자는 온전함을 상징합니다. 즉 은전 열 닢을 가진 사람은 온전한 사람임을 뜻하는 것이지요. 그런데 그 부인은 은전 한 닢을 잃어버렸습니다. 은전 한 닢을 잃었다는 것은 그녀가 온전치 못한 상태에 빠졌다는 것을, 즉 그녀가 하느님과 일치하던 관계에서 벗어났음을 의미합니다. 그녀는 중심을 잃어버렸고, 중심이 없는 상태에서 남은 은전 아홉 닢은 그녀에게 아무런 도움이 되지 않았습니다. 은전 아홉 닢은 흩어졌고, 더 이상 하나로 연결되지 않았지요. 부인은 자신의 손실을 알고 있었습니다. 그녀는 자기 자신을 잃어버린 것입니다.

4세기 그리스의 신학자이자 신비가였던 니사의 그레고리오 성인은 은전 열 닢이 그리스도를 상징한다고 여겼습니다. 심리학적인 관점에서 보면, 은전 열 닢은 자아를 상징한다고 할 수 있습니다. 자아를 잃어버린 사람도 외적으로는 여전히 많은 일을 할 수 있습니다. 하지만 그가 행하는 모든 일에는 중심과 힘, 확신이 결여되어 있습니다.

부인은 이제 등불을 켭니다. 니사의 그레고리오 성인은 이 등불이 이성을 상징한다고 보았지요. 그녀는 무의식 속의 어둠을 비추고, 그로써 잃어버린 온전함을 되찾기 위한 이성이라는 빛이 필요합니다. 이성은 오로지 믿음을 통해서만 빛을 발합니다. 그 빛은, 우리가 마음이라는 집에서 잃어버린 은전을 찾기 위해 필요한 하느님의 빛이지요.

부인은 집 안 바닥에 덮여 있던 먼지까지 샅샅이 쓸어 냅니다. 그레고리오 성인은 이 먼지들이 우리의 부주의한 생활 습관을 가리킨다고 보았습니다. 지금까지 우리는 부주의하게 행동함으로써 자신의 집을 더럽혀 왔습니다. 그래서 더 이상 스스로를 집주인이라고 할 수도 없습니다. 우리의 마음 바닥에는 먼지가 수북이 쌓여 있습니다. 그런 까닭에 우리 마음이 본래의 광채를 되찾으려면, 우리는 열심히 비질을 해야 합니다. 부인이 지칠 줄 모르고 은전을 찾은 것처럼 말이지요.

우리말 성경에서 '샅샅이'라고 옮긴 그리스어 '에피멜로스 $\dot{\epsilon}\pi\iota\mu\epsilon\lambda\hat{\omega}\varsigma$'는 '배려하다', '세심하다', '꼼꼼하다', '열심이다'라는 의미를 가진 단어입니다. 그녀는 은전을 되찾는 일에 온 정신을 쏟아서, 꼼꼼하게 살피고 세심하게 찾습니다. 사람은 때로 자기 자신을 잃어버리기도 하지만, 끊임없이 하느님뿐만 아니라 자기 자신, 곧 참된 자아를 찾아가는 존재이지요.

부인은 잃었던 은전을 되찾았고, 그로써 그녀는 자기 자신을 되찾았습니다. 그녀는 친구들과 이웃들을 불러 모아 "나와 함께 기뻐해 주십시오. 잃었던 은전을 찾았습니다."(루카 15,9)라고 말했습니다. 자기 자신을 찾은 사람은 이웃들과도 새로운 관계를 맺게 됩니다. 부인은 오로지 여성들만 불러 모았고(우리말 성경에서는 이 구절을 단순히 '친구들과 이웃들'로만 번역했지만, 그리스어 원문에서는 복수 여성을 목적격의 형태로 표현하여 '타스 필라스 카이 게이토나스 $\tau\grave{\alpha}\varsigma\ \phi\acute{\iota}\lambda\alpha\varsigma\ \kappa\alpha\grave{\iota}\ \gamma\epsilon\acute{\iota}\tau o\nu\alpha\varsigma$'라고 썼습니다. — 역자 주) 자신의 본모습을 되찾은 것을 기념해 다른 여성들과 함께 잔치를 벌이고자 했습니다. 그녀가 잃었던 은전을 되찾은 것은 자기 존재의 근원이신 하느님을 찾은 것이며, 자신의 자아를 찾은 것입니다. 융은 우리가 자신의 영혼에 있는 하느님의 모습을 찾지 못한다면, 자신의 자아도 발견할 수 없다고 했습니다. 자아는 우리 인생의 결과물이 아니라, 하느님이 생각하셨던 우리의 본모습이기 때문입니다.

늘 그렇듯이 비유는 여러 가지로 해석될 수 있습니다. 또한 비유는 독자가 자신의 고유한 경험들과 자신이 가진 열망들을 새롭게 발견할 수 있는 기회를 제공하지요. 이야기에 나오는 부인은 자신의 중심을 잃어버렸다가, 참된 자아를 찾아 나선 사람의 영혼을 가리킬 수도 있고, 잃어버린 사람을 찾아 집안을 샅샅이 뒤지고 계신 하느님을 가리킬 수도 있습니다. 위의 비유를 하느님으로 해석하는 경우, 하느님은 여성의 형상으로 묘사되었다고 볼 수 있지요.

14세기 독일의 신비가인 요하네스 타울러는 이 비유를 다음과 같이 해석했습니다. 사람이 인생이라는 집을 잘 꾸며 놓으면, 바로 그때 하느님은 은전을 찾으려고 모든 것을 뒤죽박죽으로 만들어 놓는 부인처럼 행동하신다는 것입니다. 또한 타울러는 우리가 중년기까지는 인생을 잘 꾸려 놓지만, 중년기 이후에는 순전히 외적인 활동에 치중한 나머지 은전을 잃어버린다고 했습니다.

이와 같이 하느님은 우리를 위기와 궁지에 맞닥뜨리게 하시는데, 그로써 잃어버렸던 은전인 우리의 참된 자아를 우리가 자기 안에서 찾게 하십니다. 또한 하느님은 우리를 자기 영혼의 밑바닥으로 이끄시는데, 거기에서 우리는 잃어버린 은전을, 다시 말해 하느님이 생각하셨던 우리의 본모습을 발견하게 됩니다. 결국 이 비유는, 우리가 잃었던 것을 자기 안에서 되찾고자 하는 깊은 열망을 이야기합니다.

이 열망은 다른 종교와 문화에서도 끊임없이 등장하는 매우 오래된 주제입니다. 예를 들면, 고대 로마의 여성들은 2월 2일에 행렬을 했습니다. 이 행렬은 저승의 신이 페르세포네를 저승으로 데려갔다는 이야기에서 영감을 얻은 것으로, 여성들은 자신의 잃어버린 딸들을 되찾기 위해 초를 들고 시내를 돌아다녔습니다. 이때 잃어버린 딸들은 잃어버린 활기와 생동감, 본래적이고 순수한 것, 미래에 대한 약속, 인생의 꿈 등을 상징합니다.

'되찾은 은전의 비유'는 우리가 잃어버린 모든 것을 되돌아보는 계기를 마련해 줍니다. 또한 이 비유는 잃은 것을 되찾는 일이 아직 늦지 않았다는 것을 우리에게 일깨워 줍니다. 우리는 잃어버린 것을 한탄하는 대신 비유에 나오는 부인처럼 그것을 찾아 나서야 합니다. 그렇게 하여 우리는 잃었던 것을 되찾고 기쁨의 잔치를 벌일 수 있게 됩니다.

자신의 상처와
마주하라

마태 13,44-46

    융은 심리 상담의 목적이란 바로 자기 자신이 되도록 이끌어 주는 것이라고 말했습니다. '자기Self'는 사람의 내적인 중심으로 의식과 무의식을 포괄합니다. 융은 '자기'를 '자아Ego'의 상대 개념으로 보았습니다. '자아'는 의식을 지닌 사람의 본질을 말합니다. '자아'는 외적으로 드러내 보이고 싶어 하고, 빛을 발하고 싶어 하며, 자신의 욕구에 따라 살면서 자신을 중심에 세우고자 합니다. 반면에 '자기'는 그저 존재하고, 진실되며, 믿을 만하고, 중심에 있고자 할 뿐이지요.

    우리 모두는 자신의 참된 자아를 진정으로 찾고 싶어 합니다. 그렇다면 과연 사람의 가장 내밀한 본질, 다시 말해 스토아 철학에서 자신이라고 부르는, 사람 내면에 있는 성역을 우리는 어떻게 찾을 수 있을까요?

예수님은 '보물의 비유와 진주 상인의 비유'를 통해 우리가 어디에서 어떻게 '자아'를 발견할 수 있는지 알려 주십니다. 보물과 진주는 참된 자아를 의미하는 것이지요.

보물은 밭에 묻혀 있습니다. 따라서 우리는 우리의 마음 밭을 파 보아야 합니다. 그런데 밭을 파면 우리의 손은 더러워집니다. 밭과 흙은 사람의 세속적이고 부정적인 측면을 가리키지요. 그래서 우리는 흙을 더러움과 관련짓습니다. 신발에 흙이 묻으면 신발을 닦고 싶어 하는 것처럼 말이지요.

다른 한편으로 흙은 비옥함을 상징하기도 합니다. 농부들은 모두 비옥한 경작지를 귀하게 여깁니다. 그들은 그런 경작지를 찾아내기 위해 기꺼이 두 손으로 흙덩이를 만져 봅니다. 그러나 도시인들은 대부분 흙을 만지려 하지 않고, 잘 포장된 길만 걸으려고 하지요.

그런데 예수님은 우리의 '자아'는 밭에 묻혀 있다고 하셨습니다. 따라서 우리는 우리의 마음 밭을 깊이 파야 합니다. 그래야 거기에서 '자아'를 발견할 수 있을 것입니다.

밭은 우리의 마음뿐만 아니라 몸도 가리킵니다. 밭의 흙은,

사람이라는 존재가 지닌 현세적이며 육체적인 속성에서 보물을 찾아야 한다는 것을 일깨웁니다. '자아'는 몸을 통해 표현되기에, 우리는 다른 사람의 겉모습을 보고 그가 자아를 찾았는지 아닌지 읽어 낼 수 있습니다. 경직된 모습으로 돌아다니는 사람은 아직 참된 자아를 찾지 못한 사람이라는 것이지요.

그런데 자신의 마음 밭에서 보물을 캐내려면, '겸손'이 필요합니다. 다른 부富나 보물은 발견하기만 하면 모두 다 팔 수 있습니다. 하지만 '자아'는 팔 수 없지요. 그러기에 '자아'만이 우리 인생의 참된 보물이며, 참된 부라고 할 수 있습니다. 부는 물질이나 재산에 있는 것이 아니라, 우리 마음속에, 참된 자아에 있는 것입니다.

어떤 상인이 자신의 모든 재산을 팔아 진주를 사려고 하는 '진주 상인의 비유'는 참된 자아에 이르는 또 다른 길을 우리에게 제시합니다. 진주는 조개의 상처에서 자랍니다. 영성의 길, 참된 사람이 되는 길은 바로 인생의 상처들에서 진주를 찾는 일과 관련이 있지요.

사목 신학자이자 영성 서적 작가인 헨리 나우웬은 20년 전에 뮌스터슈바르차흐 대수도원에서 연 교육관 '레콜렉시오 하우스' 축성식에서 이렇게 말했습니다. "우리가 부서지고 상처받는 바로 그때, 우리가 쓰고 있던 가면도 깨집니다. 우리는 그제서야 참된 자아에게 마음을 열게 됩니다." 우리는 더 이상 자아를 얼굴 뒤로 숨기지 않게 됩니다. 또한 상처받지 않도록 자신을 보호하기 위해 마음에 둘렀던 철갑이 깨지도록 놔두게 되지요.

우리는 우리의 상처가 치료받고 치유되기를 원합니다. 그러나 예수님은 우리에게 다른 길을 제시하십니다. 예수님은 우리에게 우선 상처에서 진주, 곧 자신의 참된 자아를 찾으라고 하십니다. 진주를 찾으면, 우리는 더 이상 상처의 통증을 느끼지 않게 되지만, 그래도 상처는 여전히 남아 있지요. 힐데가르트 성녀는, 상처가 진주로 변화하는 이러한 과정을 통해 참된 사람이 된다고 보았습니다.

이처럼 '보물의 비유와 진주 상인의 비유'는 참된 자아에 이르는 길에 관한 우리의 시각을 바꿔 놓습니다. 우리는 지적인 방법이나 치료에 도움이 되는 영성적인 방법을 통해 자아를 찾으려 합니다. 그러나 예수님은 우리에게 겸손의 길, 곧 자신의 밑바닥에 이르는 길을 제시하십니다. 거기서 우리는 자기 인생의 어두운 면, 그리고 삶의 허무한 면과 맞닥뜨립니다. 또한 거기서 자신의 상처들을 마주하게 됩니다. 바로 이 두 가지 측면에서 우리는 보물과 값비싼 진주를 발견할 수 있으며, 바로 거기서 자신의 참된 자아에 도달하게 됩니다. 많은 사람들이 자신은 그저 자기 인생이라는 밭을 파헤치느라 늘 손만 더럽히고 있다고 생각합니다. 그러나 그들은 이미 보물 가까이에 다가가 있습니다. 그들은 온전한 믿음으로 계속 보물을 찾아야 합니다. 그러면 언젠가는 그들의 마음 밭에 있는 보물이 모습을 드러낼 것입니다.

예수님은 비유를 통해 우리가 우리의 열정을 어떻게 다루어야 하는지, 우리의 시기와 질투, 분노와 화, 두려움을 어떻게 내적인 에너지로 변화시킬 수 있는지, 우리의 절망과 좌절을 어떻게 신뢰와 확신으로 바꿀 수 있는지에 대한 방법을 제시하십니다. 그것은 예수님이 우리에게 권하신 길이자, 우리 각자가 스스로 걸어가야 하는 치유의 길이지요.

예수님의 비유를 읽고 그것을 자기 삶에 적용하는 사람은 이미 변화의 길을 걷고 있는 것입니다. 그는 새로운 시각을 얻고, 자기 자신과 하느님에 관한 새로운 생각을 통해 변화합니다. 이처럼 우리에게 내적인 문제들에 대해 그에 알맞은 비유를 해주고, 우리의 상황을 다른 시각으로 바라보도록 이끌어 주는 동반자가 필요합니다. 그 동반자가 바로 예수님이십니다.

비유는 예수님의 근본적인 치유 방법들 가운데 하나입니다. 예수님은 또한 비유 이외에도 여러 이야기를 통해서 치유하시지요. 그분은 이야기를 통해 우리가 각자의 진실을 마주하게 하십니다. 또한 본래 우리 영혼의 치유자이신 하느님께 우리가 마음을 열게 만드는 말씀을 들려주시고, 그로써 우리를 치유하십니다.

PART 2

예수님의
말씀 치유법
마음 치유 이야기

들어가며

예수님은 대중을 상대로 설교하셨고, 제자들을 상대로 가르치셨습니다. 그리고 제자들은 그분이 하셨던 말씀들을 개별적으로 수집해서 전했습니다. 복음사가들은 이렇게 전해진 예수님의 말씀들을 조합해서 하나의 연설로 만들곤 했지요. 예를 들면, 마태오 복음사가는 예수님의 말씀들을 다섯 개의 대연설로 통합했습니다. 구약 성경의 오경에 상응하는 이 다섯 개의 대연설이 의미하는 것은, 예수님이 생명에 이르는 새로운 길을 제시하시는 분이라는 것입니다. 그 연설 중에 가장 큰 연설이 산상 설교입니다. 모세가 산 위에서 하느님의 율법을 받았던 것처럼, 예수님은 하느님 나라의 제자들을 위해 새로운 율법을 선포하셨습니다.

마태오 복음사가는 예수님을, 어떻게 하면 성공적인 삶을 살 수 있는지 우리에게 가르쳐 주는 '지혜의 교사'로 묘사합니다. 우리가 성공적인 삶을 사는 것이 예수님의 주요 관심사였다는 것은 예수님이 하신 수많은 행복 선언들이 증명합니다. 행복 선언들은 마태오 복음서의 산상 설교 첫 부분에 나오는 '참행복'과 루카 복음서의 평지에서 설교하신 첫 부분에 나오는 행복 선언 등입니다. 예수님은 사람들이 어떻게 행복해질 수 있는지, 또한 어떻게 참행복에 이르는 삶을 살아갈 수 있는지를 끊임없이 가르치셨습니다.

행복 선언들을 통해 예수님은 우리가 위태롭고 소란스러운 삶의 한가운데에서도 자기 자신과 하나 될 수 있는 실질적인 길을 제시하십니다. 복음사가들은 예수님의 대연설들에 나온 지혜에 관한 여러 말씀들을 우리에게 전해 줍니다. 그 말씀들에서 우리는 사람에 관한 예수님의 심리학적 지식을 발견할 수 있습니다. 말씀에서 드러나는 그분 치유의 지혜는, 다른 종교의 지혜(마태오 복음서)와 그리스 철학의 지혜(루카 복음서)를 받아들이고 통합한 것이라 할 수 있습니다.

많은 학자들이 산상 설교를 비롯한 예수님의 여러 가르침이 지닌 심리학적인 지혜를 상세히 설명했습니다. 저 역시 다른 책에서, 예수님의 '참행복'은 성공적인 삶에 이르는 좁은 여덟 가지 길을 제시한 것이라고 해석한 바 있지요. 이 책에서는 예수님의 몇 가지 말씀들, 특히 얼핏 보기에 다루기 힘들고 이해하기 어려운 말씀들에 대해 이야기하고자 합니다.

  예전에 학자들은 예수님의 이러한 말씀들을 도덕적인 면에 중점을 두고 해석했기에, 사람들에게 과도한 부담을 주기도 했습니다. 그로 인해 사람들은 예수님의 요구를 온전히 따르지 못한다는 생각에 불안해했지요. 그러나 저는 아우구스티노 성인이 하신 다음의 말을 예수님의 말씀을 해석하는 열쇠로 삼고자 합니다.

  "하느님의 말씀이 그대를 구원하게 되기 전까지, 그 말씀은 그대의 뜻에 반하는 적대자일 수밖에 없습니다. 그대가 자신의 적대자인 한, 하느님의 말씀도 그대에게 적대자일 뿐입니다. 그대 자신과 친구가 되십시오. 그럴 때 하느님의 말씀도 그대와 하나가 될 것입니다."

  저는 이 말을 이렇게 이해했습니다. '내가 예수님의 어떤 말씀에 화가 난다면, 그것은 내가 나 자신의 적대자라는 표징이다. 또한 그것은 나 자신과 인생, 그리고 하느님에 관한 나의 생각이 진리와는 다르며, 그런 생각들로 내가 스스로를 해

치고 있다는 표시다. 예수님의 말씀을 깊이 생각함으로써 나는 나 자신과 하나가 된다. 그리고 내가 나의 마음과 하나가 될 때, 하느님의 말씀을 우호적인 말씀으로, 다시 말해 나를 참생명으로 이끄는 말씀으로 이해하게 될 것이다.'

오이겐 드레버만은 아우구스티노 성인이 성경 말씀, 특히 예수님의 말씀을 해석하는 원칙으로 삼았던 것을 심리학적인 언어로 설명했습니다. 드레버만은 예수님의 말씀을 더 이상 도덕적인 가르침이 아니라, 종교적인 가르침으로 해석해야 한다고 주장했습니다. 예수님의 말씀을 그분의 요구로만 이해한다면, 그 말씀은 우리에게 과도한 부담이 되고 우리는 불안에 빠질 수 있습니다. 그분의 말씀을 종교적인 가르침으로 이해한다는 것은, 그 말씀이 우리를 자기 본질의 밑바닥으로 이끌도록 허용한다는 것을 의미합니다.

예수님의 말씀은 '무엇을 해야 하는가?'가 아니라, '나는 누구인가?'라는 질문에 답을 주고자 하십니다. 따라서 불교의 화두話頭(불교에서 도를 깨치기 위하여 연구하고 추구하는 문제. 주로 우주와 인생에 대한 궁극적인 질문)나 도교의 교훈적인 말씀들과 유사한 형태를 띠지요. 예수님의 말씀들 가운데 많은 부분이 역설적인 형식을 취하고, 그 역설적인 말씀들은 또한 종교적인 이야기에 속합니다.

드레버만은 역설적인 말씀에 대해 이렇게 말했습니다. "한적한 곳에서 오랫동안 숙고하게 만들고, 당황스럽게 만들며, 특정한 문제들은 이성으로도 또한 도덕적 신조에 따른 선한 의지로도 해결할 수 없다는 점을 분명히 깨닫게 한다." 그런 까닭에 '예수님의 치유 방법'이라는 주제와 관련하여 생각해 보면 역설적으로 들리는 말씀도 있고, 늘 생각해야 할 '화두'처럼 보이는 말씀도 있으며, 상징적인 의미를 파고들 때에만 이해할 수 있는 비유 말씀도 있는 것이지요.

제 관심을 끄는 이러한 말씀들은 대부분 그분의 제자들이 개별적으로 전한 것들입니다. 예수님이 어떤 맥락에서 그런 말씀을 하셨는지 늘 분명한 것은 아닙니다. 그러나 저는 언제나 그 말씀의 정확한 역사적 맥락을 밝히려는 성경 주석학자들의 의견을 받아들이는 것보다는, 그 말씀이 자신에게 어떤 깊은 의미를 지니고 있는지 생각하는 것이 더 중요하다고 여깁니다. 그 말씀은 삶의 매우 다양한 상황에서 우리가 제각기 새로운 행동을 할 수 있도록 우리를 이끕니다. 그 말씀은 그저 가르침을 주기 위한 것이라기보다는, 우리를 변화시키기 위한 것이며, 우리의 생각과 감정을 다른 차원으로 이끌어 주기 위한 것이지요. 우리는 그저 단순히 그 말씀을 지니기만 한 채 집으로 돌아가서는 안 되며, 그것을 음식처럼 곱씹어야 합니다. 그렇게 할 때, 이미 예언자들이 이야기했던 것처럼, 처음에는 쓴맛이 났던 예수님의 말씀이 어느새 꿀처럼 달게 느껴질 것입니다.

마음 깊은 곳으로
이끄는 말씀

　　불교의 선禪 전통에서 유래한 화두는 사람을 다른 차원으로 이끄는 데 목적이 있습니다. 화두는 얼핏 보면 아무런 의미가 없는 말처럼 보입니다. 논리적으로 설명할 수 없으며, 교훈적인 문구도 아니기 때문이지요. 하지만 화두는 이성과 논리적 사고의 틀을 버리게 하며, 그로써 종교적인 신비, 곧 하느님 앞에 있는 우리 실존의 신비를 깨닫게 합니다.

　　오이겐 드레버만은, 화두를 '메시지'로 번역하며, 화두의 신비를 묘사한 마르틴 부버의 말을 인용했습니다. "이 메시지들은 사람의 말이나 생각만으로는 풀 수 없다는 공통점이 있습니다. 역설인 셈이지요. 어떤 이치로 해석한다고 해도 그 역설을 뛰어넘을 수 없지만, 모든 관념들을 깨부수는 사람의 본질적인 태도는 그 역설을 극복할 수 있습니다."

결국 화두는 우리를 우리 마음 깊은 곳으로 이끌고자 하며, 거기서 우리는 관념적으로 묘사할 수 없는 자신의 본질에 관한 신비를 직관적으로 깨닫게 됩니다.

마르코 복음사가는 마르코 복음서에서 예수님의 말씀을 화두로 여길 수 있다는 것을 보여 줍니다. "예수님께서는 그들이 알아들을 수 있을 정도로, 이처럼 많은 비유로 말씀을 하셨다. 비유를 들지 않고는 그들에게 말씀하지 않으셨다. 그러나 당신의 제자들에게는 따로 모든 것을 풀이해 주셨다."(마르 4,33-34)

그리스어 단어인 '파라볼레$\pi\alpha\rho\alpha\beta o\lambda\eta$'는 '수수께끼 같은 이야기'를 말합니다. 예수님은 비유로 말씀하셨을 뿐만 아니라, 그분의 말씀들 가운데 많은 것들이 수수께끼 같았습니다. 그런데 이처럼 수수께끼를 말하는 것 같은 예수님의 이야기 방식에는 치유 효과가 있었습니다.

우리는 수수께끼 같은 예수님의 말씀에서 사람의 한계로는 모든 것을 다 이해할 수 없는 예수님을 만납니다. 우리가 수수께끼 같은 그분의 말씀을 받아들이고 묵상할 때, 그 말씀은 우리를 다른 차원으로 이끕니다. 그럴 때 우리는 예수님의 신비뿐만 아니라 우리 인생의 신비도 깨달을 수 있고, 하느님을 새롭게 인식할 수 있습니다. 또한 예수님이 전해 주시는 하느님을 너그럽고 자비로우신 하느님으로, 예수님을 통해 우리와 가까워지신 하느님으로, 우리 영혼의 참된 치유자이신 하느님으로 인식하게 됩니다.

저는 예수님의 이러한 말씀들 가운데 몇 가지를 이야기하고자 합니다.

"죽은 이들의 장사는 죽은 이들이 지내도록 내버려 두고, 너는 가서 하느님의 나라를 알려라." (루카 9,60)

이 말씀은 논리적으로 이해하기 어렵습니다. 죽은 이들은 더 이상 아무 일도 할 수 없기 때문이지요. 물론 죽은 이들이 다른 죽은 이들의 장사를 지낼 수도 없지요. 그러나 이 말씀을 깊이 생각해 보면, 우리는 이 말씀을 통해 우리 안에 죽어 있는 모든 것들과 마주하게 됩니다. 다시 말해, 본래부터 살아 있다고 할 수 없는 우리의 반복적인 일상, 내적인 공허, 경직된 마음을 인식하게 되는 것이지요.

예수님은 죽은 이들이 죽은 이들의 장사를 지내는 일이 어떻게 가능한지에 대해 말씀하시는 것이 아닙니다. 그분은 우리 안에 죽어 있고 경직된 것들이 무엇인가에 대해 말씀하십니다. 그래서 우리가 이 말씀을 묵상할 때 우리 안에 죽어 있고 경직된 것들은 매장됩니다. 우리의 생각이 죽어 있는 것들의 주변을 떠나거나 더 이상 붙잡지 않게 되기 때문입니다. 이제 우리의 생각은 죽어 있는 것을 앞서 가고, 그것을 묻어 버립니다. 그리고 더 이상 죽은 활자나 죽은 규범들의 지배를 받지 않게 되고, 하느님이 통치하시도록 허락한 우리의 마음에는 살고자 하는 의욕이 일어나지요.

예수님은 이 말씀을 통해 우리가 경직된 관계들을 청산할 때뿐만 아니라 바람직하지 않은 습관과 의식들을 청산할 때도 양심의 가책을 느낄 필요가 없다고 알려 주십니다. 우리 스스로는 결코 이런 것들을 죽은 것이라 말하지 못하지만, 예수님은 극단적인 표현을 사용하심으로써 우리가 그것들이 죽었다고 선언하는 것을 허락하신 것이지요.

죽은 이들의 장사는 죽은 이들이 지내도록 하라는 말씀을 통해 예수님은 더 이상 우리와 아무 상관이 없는 일들을 멀리 하라고 우리에게 요구하십니다. 돈이나 물질적인 안정 같은 요소가 우리의 참된 삶을 결정하진 않습니다. 그보다는 하느님의 나라와 그 나라를 선포하는 일에 집중해야 하며, 하느님이 어떻게 우리 안에서 다스리고 계신지를 드러내야 합니다. 그분이 우리를 다스리실 때 우리는 활기를 띠게 됩니다.

"그런데 첫째가 꼴찌 되고 꼴찌가 첫째 되는 이들이 많을 것이다."(마르 10,31)

복음사가들이 이 말씀을 여러 번 인용하는 것으로 보아, 예수님의 이 말씀은 많은 청중에게 감동을 준 듯합니다. 하지만 청중에게 감동을 준 요소가 정확히 무엇인지는 명확히 드러나지 않습니다. 첫째가 꼴찌 된다는 말씀은 논리적이지 않지요. 그러나 화두처럼 이 말씀을 우리 마음속에 새겨 우리가 오랫동안 이 말씀에 몰입하면, 우리 안에 있는 모든 것은 상대적이라는 생각이 싹트기 시작합니다.

우리가 성공적인 삶을 살고 있는지, 어떤 것이 우리에게 유익한지, 우리가 영성적인 삶을 살고 있는지 등 모든 것은 상대적인 것입니다. 우리의 장점은 약점이 될 수도 있고, 약점은 장점이 될 수도 있지요. 이 말씀은 우리가 지금 영적인 여정이나 심리 치료 여정의 어디쯤에 와 있는지, 영적인 성숙함이나 인간적인 성숙함의 지표상 어디쯤에 와 있는지를 정확히 재 보려는 병적인 욕구에서 우리를 해방시켜 줍니다. 사실 모든 측정은 헛된 것입니다. 하느님 나라에서는 첫째가 꼴찌 되고, 꼴찌가 첫째 됩니다. 이 세상의 잣대들이 하느님 앞에서는 통용되지 않는 것이지요.

많은 사목자들과 직면 치료를 이용하는 심리 치료사들이 이 말씀을 들어 이야기하는데, 이는 쉬운 해결책을 내놓기 위해서가 아니라 사람들이 자신의 상황을 다른 시각으로 바라보게 하기 위한 것입니다.

그런 이유로 어떤 병원의 사목자가, 왜 하필이면 다른 사람도 아니고 자신이 암에 걸렸느냐고 한탄하는 환자들에게 이 말씀을 화두로 제시했습니다. 처음에는 이 말씀이 부당해 보일 것입니다. 그러나 환자가 오랫동안 이 말씀에 몰두해서 그 의미를 곱씹는다면, 이 말씀은 점차 자신의 질병을 다른 시각으로 바라보도록 이끕니다. 직업과 건강 면에서 자신이 언제나 첫째라고 생각해 왔지만, 지금은 꼴찌라는 부당한 대우를 받고 있다고 생각할 수도 있습니다. 그러나 이 말씀을 통해 지금은 자신이 꼴찌라고 생각하더라도, 언젠가는 첫째가 될 수 있다는 것을 예감할지도 모릅니다.

사실 이 말씀의 의미를 곱씹는 일은 힘든 일입니다. 그러나 힘들어도 의미를 곱씹어 보는 사람은 건강과 질병, 성공과 실패, 강함과 약함을 뛰어넘는 또 다른 차원으로 인도될 것입니다.

"부자가 하느님 나라에 들어가는 것보다 낙타가 바늘귀로 빠져나가는 것이 더 쉽다." (마르 10,25)

제자들은 예수님의 이 말씀에 깜짝 놀랐습니다. 왜냐하면 그들 누구에게나 어느 정도의 돈이 있었고, 따라서 모두가 어떤 의미로는 부자였기 때문입니다. 우리는 하느님 나라에 들어갈 수 없는 것일까요? 그렇다면 그것은 예수님이 전하신 복음과는 맞지 않을 것입니다.

어떤 주석학자들은 '바늘귀' 대신 '좁은 성문'이란 말로 번역함으로써 예수님의 이 말씀이 지닌 극단적인 속성을 약화시켜 보려고 했습니다. 그러나 그렇게 함으로써 그들은 오히려 예수님의 말씀에서 그분의 힘을 제거해 버렸습니다.

이 말씀을 우리에게 비추어 생각한다면, 우리는 재물로 자신을 정의하는 한 결코 하늘나라에 들어갈 수 없다는 사실을 깨닫게 됩니다. 재물이 저를 지배하는 한, 하느님이 제 안에서 저를 다스리실 수는 없습니다.

　예수님은 이 말씀을 통해 큰 영향력이 있는 가르침을 선포하시려 했던 것이 아니라, 당신 제자들을 다른 차원으로 이끌고자 하셨던 것입니다. "사람에게는 불가능하지만 하느님께는 그렇지 않다. 하느님께는 모든 것이 가능하다."(마르 10,27)

　예수님의 이 말씀은 우리에게 가시처럼 박혀서 우리를 괴롭힙니다. 그리하여 스스로 얼마나 부자인지 자문하게 됩니다. 그러나 우리가 얼마나 부자인지는 우리가 가진 재물이 아니라, 우리의 내적인 태도를 통해 잴 수 있는 것입니다. 물론 어떠한 잣대도 우리의 내적인 태도를 정확히 잴 수는 없지만 말이지요.

　예수님의 말씀은 우리를 질문에 머물게 하고 우리를 움직이게 하며, 자신도 모르는 사이에 내적인 관점이 변화되도록 우리를 이끕니다. 그 말씀은 측정이나 판단, 평가의 차원을 넘어 다른 차원으로 우리를 이끌고자 합니다. 우리가 부자인지 묻고 있는 이 질문은, 결국 하느님과의 관계에 관한 질문이라 할 수 있습니다. 궁극적으로 그 말씀은 우리에게 도덕을 설파하는 것이 아니라, 우리를 하느님께 이끄는 것입니다.

비유에 담긴
삶의 신비

　예수님은 많은 비유를 들려주셨습니다. 비유는 하느님의 신비와 우리 삶의 신비를 들여다보게 해 주는 창문과도 같습니다. 비유는 늘 무언가를 확정 짓지 않고, 열어 놓습니다. 우리의 영혼은 비유를 통해 생각하기 때문에, 우리가 듣거나 말하는 비유는 늘 시대 상황에 상응하게 됩니다.

　융의 주장에 따르면, 예수님은 비유를 통해 우리 영혼이 지닌 전형적인 표상들에 대해 말씀하십니다. 우리는 이 전형적인 표상을 통해 자신의 참된 자아와 만납니다. 이 표상들은 우리 안에서 솟아나는 내면의 샘터로 우리를 이끕니다.

　그러나 표상들을 너무 깊이 생각하거나 해석하려 해서는 안 됩니다. 표상들은 우리 마음속에서 상상의 나래를 펴고자 하며, 하느님이 본래 생각하셨던 우리의 모습을 우리가 접할 수 있도록 도울 뿐이니까요.

그리스의 위대한 철학자 플라톤 이후에, 지식이 많다기보다는 궁극적으로는 하느님께만 속하는 선한 표상을 지닌 사람이 나타났습니다. 바로 예수님이시지요. 그런 까닭에 예수님의 비유들은 우리가 자신 안에 있는 하느님의 표상을 접함으로써, 다른 사람들이 우리에게 덮어씌웠던 표상뿐만 아니라 자만이나 자기 비하의 표상에서도 벗어나게 합니다.

예수님이 우리에게 분명하게 보여 주고 계신 표상들은 치유에 도움이 되고 우리를 고무시키는 속성이 있습니다. 그 표상들은 성공적인 삶에 관한 우리 영혼의 내적인 예감에 대해 이렇게 말합니다.

"누구든지 이 산더러 '들려서 저 바다에 빠져라.' 하면서, 마음속으로 의심하지 않고 자기가 말하는 대로 이루어진다고 믿으면, 그대로 될 것이다."(마르 11,23)

자기 앞에 문제들이 산더미처럼 쌓여 있다고 생각하는 사람들이 많습니다. 그들은 문제를 해결하기 위해 어디시부터 시작해야 할지 전혀 갈피를 잡지 못하지요. 이러한 상황과 관련하여 예수님은 산더미 같은 문제들을 해결해 줄 '믿음에 관한 말씀'을 들려주십니다. 예수님의 이 말씀을 글자 그대로 받아들인다면, 우리는 모두 산에게 바다에 빠지라고 이야기할 수 있을 것입니다. 그러나 예수님이 우리에게 가르치고자 하시는 것은 마술이 아니라 믿음입니다.

꿈속에 등장하는 산은 주로 극복하기 어려운 장애물을 상징합니다. 어떤 동화에는 공주와 결혼하기 위해 우선 산을 깎아 평지로 만든 이야기도 있지요.

또한 우리는 "해야 할 일이 산더미 같다."라거나, "해결해야 할 난관들이 산 너머 산이다."라는 표현을 씁니다. 이때 '산'이라는 표상은 우리에게 과도하게 부과되어 모든 것을 다 해결할 수 없는 불가능한 것을 뜻합니다.

그러나 우리는 산 앞에서 포기해서는 안 됩니다. 예수님은 우리에게 그보다는 산을 바다에 빠지게 만드는 믿음을 가지라고 가르치십니다. 믿음은 기적과도 같습니다. 산은 마치 바다에 빠진 것처럼 갑작스럽게 더 이상 존재하지 않게 될 것입니다. 그런 우리 앞에는 탁 트인 시야와 시원하게 뚫린 길이 놓여 있을 것이므로, 우리는 우리의 길을 계속해서 걸을 수 있습니다.

믿음은 또한 새로운 시각을 제공합니다. 그러나 많은 사람들이 산 앞에 멈춰 선 채 수많은 문제에 집착하며 스스로를 가로막지요. 하지만 우리는 믿음을 통해 문제들이 쌓여 있는 산을 뛰어넘을 수 있습니다.

높은 전망대에서 하느님의 시각으로 문제들을 바라본다고 생각해 봅시다. 거기서 문제들을 바라보면, 그것들이 문득 작아 보이고, 마치 산처럼 보이던 것이 별 것 아닌 듯이 느껴질 것입니다. 이윽고 산 앞에 멈춰 서 있는 것이 아니라는 것을 깨달은 우리는 온전히 신뢰하는 마음으로 자신의 길을 계속 걸을 수 있지요.

저는 길을 막아서는 문제들에 놀라지 않습니다. 저는 믿음으로 그 문제들을 상대할 수 있기 때문입니다. 저는 온전한 신뢰심을 갖고 그 문제들을 향해 나아갑니다. 그럴 때 문제들이 저절로 작아지는 것을 자주 경험했습니다. 그것들은 저의 삶을 방해하는 것이 아니라, 저의 믿음을 일깨우는 것입니다.

"너희는 좁은 문으로 들어가라. 멸망으로 이끄는 문은 넓고 길도 널찍하여 그리로 들어가는 자들이 많다. 생명으로 이끄는

문은 얼마나 좁고 또 그 길은 얼마나 비좁은지, 그리로 찾아드는 이들이 적다."(마태 7,13-14)

"좁은 문으로 들어가라."라는 예수님의 말씀은, 우리가 자신의 고유한 삶의 흔적을 이 세상에 남기려면 자신만의 문을 찾아 그 안으로 들어가야 한다는 것을 의미합니다. 널찍한 길은 모든 이들이 걷는 길입니다. 그러나 좁은 길은 하느님이 나에게 주려고 하신 길이며, 나는 그 길을 통해 그분이 나에게 바라신 유일무이한 삶을 살게 됩니다.

좁은 길은 깨어 걷는 길입니다. 깨어 있다는 것은 얼핏 보기에 고달픈 삶처럼 보이지요. 그러나 좁은 길은 다시 넓은 광장으로 연결되고, 나는 그 좁은 길을 통해 자신과 하나가 됩니다. 그저 다른 사람들을 뒤쫓기만 하는 사람은 참된 삶을 산다고 할 수 없습니다. 오로지 자신만의 좁은 길을 찾아 그 길을 걸음으로써 우리는 참된 삶을 살 수 있지요.

예수님은 "좁은 문으로 들어가라."라고 말씀하심으로써 '나는 본래 누구이고, 나의 사명은 무엇이며, 어떤 삶의 흔적을 이 세상에 남기고 싶은가?'라는 질문에 관해 깨어 숙고하라고 요구하십니다. 다른 사람들을 따라 하거나 자신을 다른 사람들과 비교할 것이 아니라, 나를 위해 마련되었고 나를 생명으로 이끄는 문을 찾아야 합니다.

그런데 그 문을 좁다고 말하는 이유는, 그것이 나에게 과도한 요구를 하기 때문이 아닙니다. 나를 위해 정해진 길이 무엇이고 하느님의 뜻에 따라 어떤 길을 걸어야 하는지를 깨어 있는 상태로 찾아야 하기 때문에 좁은 문이라는 것이지요. 우리는 하느님이 우리에게 바라셨던 삶을 살아야 합니다. 그 삶은 오로지 깨어서 숙고하고 알아내고자 노력해야 찾을 수 있습니다. 하느님이 바라시는 유일한 삶을 살 때, 자신이라는 존재는 다른 사람들에게도 축복이 될 것입니다.

성공회 신부이자, 융의 제자인 존 A. 샌포드는 넓은 길과 좁은 길에 관해 다음과 같이 말했습니다. "넓은 길은 깨어 있지 못한 의식으로 걷는 인생 여정으로, 장애물이 적은 길이며 대중과 똑같이 걷는 길입니다. 좁은 길은, 그로부터 벗어나지 않으려면 깨어 있는 의식과 집중력이 필요한 길입니다."

우리는 때때로 꿈에서 이를 경험하기도 합니다. 우리가 좁은 길과 좁은 문을 통과해야 하거나, 갈림길 앞에 서 있는 꿈을 꾸는 것이 바로 그런 경우이지요.

우리의 내면 깊은 곳에서는 이 좁은 문을 통과함으로써 자신의 고유한 길을 걸을 수 있다는 것을 알고 있습니다. 넓은 길은 대중과 함께 걸으며 그들의 척도에 따르는 것을 뜻합니다. 그러나 그 길에 있을 때 우리는 깨어 있지 않은 상태에 머물게 됩니다. 자신이 누구이며 자기 영혼의 신비가 무엇인지 알아내려면, 우리는 시대의 흐름에 맞서야 합니다. 이에 대해 존 A. 샌포드는 이렇게 말했습니다. "그때야 비로소 우리는 대중과 같이 행동함으로써 자신의 두려움을 숨기려 하지 않는, 깨어 있는 사람이 됩니다. 그리고 그에 따른 고통과 노고를 겪게 됩니다."

"집주인이 일어나 문을 닫아 버리면, 너희가 밖에 서서 '주님, 문을 열어 주십시오.' 하며 문을 두드리기 시작하여도, 그는 '너희가 어디에서 온 사람들인지 나는 모른다.' 하고 대답할 것이다." (루카 13,25)

우리는 가끔 꿈에서 닫혀 있는 문을 보기도 합니다. 이때 닫힌 문은, 우리가 우리의 내면인 마음 혹은 영혼과의 관계를 잃어버렸다는 것을 의미합니다. 그렇다면 우리는 그저 외적으로만 살고 있다는 뜻이 되지요. 집주인이 모른다고 하는 사람들은 그저 외적으로만 사는 사람들입니다. 그렇다고 그들이 모두 악한 삶을 살고 있다는 뜻은 아닙니다. 그러나 그들이 행하는 모든 일은 그저 외적인 세계에서만 일어나며, 그들의 마음과는 아무런 관계가 없습니다. 그들은 신앙조차도 순전히 외적으로만 영위합니다. 그들은 성당 혹은 교회에 다니고 미사나 예배에 참례하지만, 그를 통해 자기 마음에 도달하지는 못합니다. 그들은 자신을 예수님과 관련지으며 심지어 그분과 함께 먹고 마시고 그분의 가르침을 들었다고 말하면서도 정작 마음은 닫혀 있습니다. 그들이 마음을 열지 않으니 예수님도 그들의 마음에 들어가지 못하신 것이지요.

예수님은 우리가 우리의 마음과 만나도록 초대하십니다. 그것은 우리가 외적인 것에서 내적인 것으로 다시 돌아갈 때 가능한 것이며, 오로지 그럴 때에만 우리는 성공적인 삶을 살 수 있습니다. 예수님은 이 강렬한 말씀으로, 우리가 자기 영혼이라는 집의 문을 여는 열쇠를 찾아 발견하도록 이끄시는 것이지요.

또한 예수님은 우리의 마음과 내적인 세계, 무의식의 세계, 그리고 성취된 삶을 마음으로 알아듣는 세계에 이르도록 우리를 부르십니다. 그저 외적으로 무언가를 배우는 것만으로는 부족합니다. 자기 영혼과 만나지 못한 사람은, 루카 복음서에 나오는 예수님의 말씀처럼 결국 생명에서 제외될 것입니다. 그것은 결국 '하느님 나라'에서 제외되는 것입니다.

> "너를 고소한 자와 함께 법정으로 가는 도중에 얼른 타협하여라. 그러지 않으면 고소한 자가 너를 재판관에게 넘기고 재판관은 너를 형리에게 넘겨, 네가 감옥에 갇힐 것이다. 내가 진실로 너에게 말한다. 네가 마지막 한 닢까지 갚기 전에는 결코 거기에서 나오지 못할 것이다." (마태 5,25-26)

이 말씀은 내적인 차원에서 이해해야 합니다. 우리 외부에 있는 적대자와 관계된 일에서는, 잘못에 대한 책임을 언제나 우리가 질 필요는 없습니다. 하지만 우리 마음속에 있는 적대자와 관계된 일이라면, 평화를 이루지 못한 것에 대한 책임이 전적으로 우리에게 있습니다. 우리 모두는 자신의 부정적인 모습을 철저하게 살피고, 우리가 거부하는 마음속 적대자와 화해해야 합니다.

우리가 마음속 적대자와 화해하지 못하면, 적대자는 우리 안에서 폭군으로 변해 우리를 지배하게 됩니다. 그렇게 되면 우리 마음속 재판관은 계속해서 우리에게 유죄 판결을 내리고, '자기 거부'라는 감옥에 우리를 가둡니다. 우리 안에 있지만 우리가 거부하는 바로 그것이 우리의 마음속 재판관이 되는 것이지요. 이 재판관은 우리를 자신의 두려움과 편협함이라는 감옥에 가둡니다. 우리는 그곳에서 화해하지 않으려고 했던 모든 것에 대해 대가를 치러야 합니다.

또한 우리가 받아들이려 하지 않았던 것들이 우리를 박해할 것인데, 그것은 끊임없이 우리에게 말을 걸어 고문할 것입니다. 억압된 두려움이나 성욕, 속으로 삼켰던 분노 등이 바로 그것입니다. 이 모든 것들은 우리에게 정신 질환이나 신경증적 증상을 불러일으키기도 합니다.

융은, 신경증이란 참된 자아를 찾을 때 겪을 수밖에 없는 고통을 대신하는 것이라고 말했습니다. 우리 자신의 약점이나 단점들과 화해하는 것은 고통스러운 일입니다. 그러나 이러한 고통을 피하기만 하면서 마음속 적대자를 경멸한다면, 우리는 신경증이라는 감옥에 갇히게 됩니다.

결국 참된 자아를 찾으려면, 우리 인생의 여정에서 마음속 적대자와 화해해야 합니다. 그리고 그 화해를 죽음이라는 마지막 재판 때까지 미루지 말아야 합니다. 화해를 할 때 우리는 마음속 감옥에 갇히지 않게 되는데, 우리는 자신에게 있는 너무나 많은 것들을 받아들이거나 인정조차도 하지 않으려 하다가 그 마음속 감옥에 갇히는 경우가 자주 있습니다. 치유는 언제나 화해를 의미합니다. 오로지 마음속 적대자와 화해할 때에만, 그 적대자는 치유의 여정에서 우리의 친구이자, 조력자가 될 것입니다.

"네 오른 눈이 너를 죄짓게 하거든 그것을 빼어 던져 버려라. 온몸이 지옥에 던져지는 것보다 지체 하나를 잃는 것이 낫다. 또 네 오른손이 너를 죄짓게 하거든 그것을 잘라 던져 버려라. 온몸이 지옥에 던져지는 것보다 지체 하나를 잃는 것이 낫다."(마태 5,29-30)

마음속에서 스스로에게 벌을 주는 경향이 있는 사람들은 예수님의 이 말씀에 두려움을 느낍니다. 그들은 위의 말씀처럼 자신의 눈이나 손이 죄를 짓지는 않았는지 곧바로 자문합니다. 그러나 이 말씀은 자제에 관한 것도 아니고, 두려움이나 처벌에 관한 것도 아닙니다. 이 말씀이 지닌 비유적 속성을 제대로 받아들일 때에만, 우리는 올바르게 이해할 수 있습니다.

오른 눈은 의도가 담긴 눈입니다. 남성적인 눈이며, 거둬들이는 눈, 평가하고 단죄하는 눈, 침입하고 때로는 죽이려고 하는 눈입니다. 또한 모든 것을 소유하고 싶어 하는 탐욕스러운 눈이지요. 왼 눈은 의도가 없는 눈이며, 여성적인 눈, 그냥 놔두는 눈, 경탄하는 눈, 관찰하고 인지하는 눈입니다.

오른손은 자신이 원하는 것은 모두 이룰 수 있다고 생각하는 실력자의 손입니다. 왼손은 여성적인 손이며, 수용하는 손, 부드러운 손, 만지는 손, 치료하는 손입니다.

자신이 원하는 것은 모두 자기 오른손으로 이룰 수 있다고 믿는 사람이 있습니다. 이런 사람은 그런 성향으로 인해 자기 영혼이 지닌 내적인 충동을 자기 스스로가 얼마나 많이 억압하고 있는지 전혀 깨닫지 못합니다. 언젠가는 억압된 충동들이 제 목소리를 내면서, 그의 영혼에 자리한 억압된 본능의 불구덩이 속으로 그를 내던질 것입니다.

또한 모든 것을 오른 눈으로만 바라보고 모든 것을 평가하며 거둬들이는 사람은, 마음속에서 본능적인 성향이 거세게 용솟음칠 것입니다. 그는 내적인 혼돈이라는 지옥으로 떨어질 것이고, 내면의 지옥은 밤마다 꿈속에 나타나 그를 전율에 휩싸이게 만들 것입니다. 사람이 한쪽으로 치우친 삶을 살면 그대가를 치르게 되므로, 우리는 부의식에도 활동할 어지를 줘야 합니다. 그렇게 하지 않으면 우리는 스스로를 해치게 될 것입니다.

  예수님은 우리가 가진 의도적이고 남성적인 성향을 줄임으로써, 우리가 가진 본능적이고 여성적인 성향이 더 활동하도록 해야 한다고 말씀하십니다. 오로지 그런 경우에만 우리는 성공적인 삶을 살 수 있습니다. 따라서 우리는 의도적인 것과 본능적인 것, 남성적인 것과 여성적인 것, 외향적인 것과 내향적인 것 등 사이에서 적절한 균형을 이루도록 노력해야 합니다.

새롭게 길을 나서도록
일깨우는 말씀

예수님은 우리를 일깨우는 말씀으로 우리의 시각에 의구심을 품게 하십니다. 그분은 우리가 감정을 표출하도록 유도하시어, 이를 통해 우리가 자신의 삶을 새롭게 숙고하도록 이끄십니다.

우리는 우리의 삶에 관해 자주 그릇된 생각을 품고, 그러한 생각에 잘 얽매이지요. 우리는 흔히 자신이 합리적인 사고방식으로 생각하고, 자신의 삶을 올바르게 파악하고 있다고 착각합니다. 또한 자신이 영성적 전통과 치유에 도움이 되는 통찰에 따라 살고 있다고 믿기도 합니다.

때때로 우리는 기존의 고정 관념에 사로잡혀 새로운 차원의 삶으로 들어가는 길을 거부하기도 합니다. 그릴 때마다 예수님은 우리가 고정 관념에서 벗어나도록 우리를 일깨우고 자극하십니다. 예수님의 이러한 방식으로 우리는 새로운 삶을 살게 될 것입니다. 이제 우리를 고정 관념에서 일깨우는 예수님의 말씀 가운데 두 가지를 살펴보고자 합니다.

"내가 세상에 평화를 주러 왔다고 생각하느냐? 아니다. 내가 너희에게 말한다. 오히려 분열을 일으키러 왔다."(루카 12,51)

우리는 예수님이 '평화의 중재자'이심을 확신합니다. 루카 복음사가도 예수님의 유년기 시절을 이야기하며 예수님을 '참된 평화의 중재자'로 묘사했습니다. 그러나 위의 구절에서 예수님은 평화를 주러 오신 것이 아니라, 오히려 분열을 일으키러 오셨다고 말씀하십니다. 이어 바로 다음 구절에서 그분은 그 점을 매우 적나라하게 전하십니다. 한 집안에서 아버지는 아들에게, 아들은 아버지에게 맞서는 등 모든 구성원들이 서로 갈라져 싸울 것이라고 말씀하신 것입니다.

예수님은 이 말씀을 통해 가족 구성원들 간의 다툼에 대한 어떤 조치를 취하고자 하신 것은 아닙니다. 그분은 우리가 다른 사람들에게 휘둘리거나 화합을 내세우는 상황에 떠밀려 억지로 조화를 이루는 일들을 아십니다. 또한 우리가 자신의 감정을 억누르고, 그러한 일들을 따르려는 것을 막고자 하십니다. 세상에는 거짓 평화와 인위적인 화합도 있고, 집안에는 다툼을 참지 못해 경건한 체하는 말로 모든 것을 덮어 버리려고 하는 조정자들도 있기 때문입니다.

예수님은 우리에게 다른 사람들과 적당한 거리를 두라고 충고하십니다. 우리는 자신의 자리를 찾고 자신의 발로 서야 합니다. 그럴 때에만 다른 사람과 진정한 관계를 맺을 수 있습니다.

가족 간에도 진정한 관계를 맺지 못하는 가정이 많은데, 보통 그런 가정에서는 모든 것보다 가족의 전통을 가장 앞세우고는 합니다. "우리 집안 사람들은 그렇게 생각해." 또는 "우리 집안에 그런 행동을 하는 사람은 없어."와 같은 상투적인 말들이 난무하지요. 하지만 예수님은 우리가 자신의 길을 찾고 가족 안에서 자기 자리를 차지할 용기를 내도록 우리를 격려하십니다. 우리가 자신의 정체성을 발견할 때에만 유익한 가족 공동체를 이룰 수 있습니다.

그런데 억지로 가족 공동체를 고집하는 가정들이 많습니다. 그들은 편협함과 두려움에 사로잡혀, "사람들이 우리에 대해 뭐라고 말할까?" 또는 "다른 사람들이 있는 그대로의 우리 모습을 보면 어떻게 생각할까?"라고 말합니다. 겉으로는 그리스도교의 규범을 잘 지키는 것처럼 보일지 몰라도, 여전히 편협한 가족 관계에서 벗어나지 못한 사람들도 많지요. 하지만 자신을 찾은 자유로운 사람만이 예수님이 우리에게 바라시는 바를 이해할 수 있습니다. 그러한 사람만이 예수님의 복음을 위해 온 힘을 다할 수도 있지요.

우리는 때때로 예수님의 복음을 우리에게 예의 바름과 순응을 가르치시는 말씀으로 오해하기도 합니다. 그러나 예수님은 자유로운 사람을 원하십니다. 그분은 진정한 관계를 맺으려면 자신의 자유를 찾기 위해 용기를 내야 한다고 우리를 격려하십니다.

"누구든지 내 뒤를 따라오려면, 자신을 버리고 제 십자가를 지고 나를 따라야 한다. 정녕 자기 목숨을 구하려는 사람은 목숨을 잃을 것이고, 나 때문에 자기 목숨을 잃는 사람은 목숨을 얻을 것이다." (마태 16,24-25)

'자기희생'에 관한 이 말씀은 '자기 부정'이나 '자기 왜곡', '자기 폄하'의 뜻으로 잘못 해석되는 경우가 자주 있었습니다. 그러나 이 말씀은 그런 것들을 뜻하지 않습니다. 그리스어 '아파르네오마이$ἀπαρνέομαι$'는 '의절하다', '포기하다'라는 의미를 지닙니다. 예수님을 따르는 사람은, 하느님만이 갖고 계신 것까지 자신이 차지하려고 하는 자기 영혼의 이기적인 성향을 멀리해야 합니다.

우리는 일에서 성공을 거두거나 행복해지려는 목적으로 하느님을 이용해서는 안 됩니다. 하느님을 체험하고자 하는 사람은 자신의 자아와 거리를 두어야 합니다. 신비가들은 위에 나온 예수님의 말씀을 올바로 이해했습니다. 하느님을 자신의 자아에 맞추려는 사람은 하느님을 이용하는 사람이고, 그로써 그는 참된 하느님을 만날 수 없게 됩니다. 하느님은 그런 사람의 자아보다 훨씬 더 크신 분이기 때문이지요.

우리는 모든 것을 자신의 소유로 삼고 싶어 하고, 자신의 이익을 위해 모든 것을 이용하려는 성향, 다시 말해 늘 자기 자신만을 생각하고 하느님까지도 자신의 이익에 맞추어 생각하려는 성향과 거리를 두어야 합니다. 오이겐 드레버만이 말한 것처럼 자신의 작은 자아에 집착하는 사람은 오로지 '두려움에 가득 찬 자기 보호'만을 중요하게 생각합니다.

그리스도를 따르는 사람은 마음이 넓어질 뿐만 아니라, 자신의 연약한 자아를 하느님께 내보일 수 있게 됩니다. 우리는 자신의 자아에 집착하지 않을 때에만 진정한 하느님을 체험할 수 있습니다. 그러나 하느님 체험을 자아를 부풀리는 데 이용하는 사람은 통찰력을 잃고 헤매게 됩니다.

"제 십자가를 집니다."라는 말 또한 잘못 해석되어 왔습니다. 오랫동안 많은 사람들은 이 말을 자신의 삶을 일부러 어렵게 만들거나 많은 희생을 바쳐야 한다는 뜻으로 이해했습니다. 그러나 "제 십자가를 집니다."라는 말은 매일같이 자신을 좌절시키는 것을 받아들인다는 것을 의미합니다. 또한 십자가는 대립하는 모든 것들의 일치를 가리키는 표상입니다. 따라서 "제 십자가를 집니다."라는 말은 대립적인 모습들을 지닌 자기 자신을 받아들인다는 뜻이기도 합니다.

융은, 참된 자아를 찾는 사람은 십자가를 피해 가지 않으며, 대조적인 양극단의 모습을 가진 자기 자신을 받아들이는 일이 얼마나 괴로울지도 예감한다고 말했습니다. 요한 복음사가는 예수님이 십자가에 매달리신 것을 포옹의 몸짓으로 이해했습니다. "나는 땅에서 들어 올려지면 모든 사람을 나에게 이끌어 들일 것이다."(요한 12,32)

결국 "제 십자가를 집니다."라는 말은 고유한 장점과 약점을 지닌 자기 자신을 껴안는다는 것을 의미합니다. 다시 말해 건강하든 병들었든, 당당하든 볼품없든, 성공했든 실패했든, 풍부한 경험이 있든 경험이 부족하든, 의식이 있든 그렇지 않든 자기 자신을 그대로를 받아들인다는 의미입니다. 자신의 십자가를 진다는 것은 자기 자신과, 자신의 대조적인 모습들까지 모두 수용한다는 것을 뜻한다는 것이지요.

자기 목숨이나 영혼을 구하려는 사람은 그것을 잃을 것이라는 역설적인 말씀은, 우리를 진정한 생명으로 이끄는 것이 무엇인지 숙고하게 만듭니다. 그리스어 동사 '소사이$\sigma o \sigma \alpha \iota$'는 '구하다'라는 의미 외에도 '치료하다', '건강하게 만들다', '구원하다'라는 뜻을 지닙니다. 라틴어 성경에서는 이 단어를 '건강하게 만들다'라고 번역했습니다. 따라서 이 구절이 전하는 예수님의 말씀은 다음과 같이 여러모로 역설적인 의미를 지닙니다.

예수님은 아마 이렇게 말씀하셨을 것입니다. "언제나 그저 자기 건강만을 돌보는 사람은 병을 앓게 될 것이다. 힘을 소진할지도 모른다는 두려움 때문에 늘 소극적이기만 한 사람은 진정으로 살아 있다고 할 수 없다. 그런 사람은 자신을 보호하는 데에만 온 힘을 쏟느라 다른 일은 거의 아무것도 하지 않으면서, 오히려 자신이 늘 과도한 부담을 지고 있다고 생각한다."

이러한 말씀은 "자기 자신을 잘 돌보고, 모든 것과 적당히 거리를 둘 줄도 알아야 합니다."라고 말하는 오늘날의 지혜로운 조언들을 모조리 무너뜨립니다. 물론 이 조언들은 일리가 있는 말입니다. 그러나 우리는 자신을 건강하게 돌보고 자신을 사랑하는 일을 그저 이상적인 이야기로만 여깁니다.

그런 우리에게 예수님의 말씀은 부담으로 다가오기 쉽지만, 우리는 그 말씀을 뽑아내기 어려운 가시처럼 받아들여야 합니다. 그분의 말씀은 우리를 지속적으로 움직이게 하며, 우리가 진정한 생명과 사랑, 그리고 사람들에게 전적인 관심을 기울일 용기를 지녔는지 끊임없이 물으십니다.

이러한 그분의 말씀에 관심을 기울임으로써 자신을 잊는 사람만이 자아를 찾을 수 있습니다. 자기에게만 관심을 집중하는 것에서 해방된 사람은 비로소 진정한 삶을 살게 되고, 자기 자신과 하나가 됩니다. 그러나 영성이나 심리 치료 면에서 오직 자기 자신만 생각하며 행복해지기 위해 모든 힘을 소진하는 사람은 결코 행복해질 수 없습니다. 그는 그대로 자기 자신에게만 머물러 있게 될 것이기 때문입니다. 그러나 생명은 막힘없이 흐르고자 하는 특성이 있습니다. 그래서 생명이 막혀 흐르지 못할 때, 사람은 생명을 비껴가고 말지요.

인생의 길잡이가
되는 원칙

예수님은 우리가 영원히 따르기를 바라는 몇 가지 원칙들을 세우셨습니다. 이 원칙들은 우리가 꼭 지켜야만 하는 규범들이라기보다는, 성공적인 삶을 이루기 위한 조건들입니다. 이 원칙들은 우리의 시야를 열어 주고 우리를 자유롭게 해 줍니다. 그것들은 우리가 늘 눈앞에 두어야 하는 시금석이지요. 우리는 이 원칙들을 통해 우리가 영적인 여정에서 예수님의 영을 따르고 있는지, 우리가 자신의 야망과 예수님의 영을 혼동하고 있는 것은 아닌지 확인할 수 있습니다. 여기에서는 건전한 삶의 토대가 되는 이러한 원칙들을 제시하는 몇 가지 구절을 다루고자 합니다.

"안식일이 사람을 위하여 생긴 것이지, 사람이 안식일을 위하여 생긴 것은 아니다." (마르 2,27)

영적인 여정뿐만 아니라 심리 치료를 하는 여정에서 사람들은 기꺼이 자신이 지켜야 할 내적인 원칙들을 세웁니다. 매일 운동하기, 건강에 유익한 음식 섭취하기 등 건강한 삶을 약속하는 여러 가지 계획들을 시도하기도 하지요. 또한 일상을 알차게 만들어 나가고 하느님께 마음을 여는 의식儀式들을 개발하기도 합니다.

신앙생활을 하는 많은 사람들은 스스로 지킬 일련의 규정들을 정해 놓습니다. 예를 들면, 기도를 하지 못했을 때 양심의 가책을 받게 되지요. 어떤 사람들은 운동을 하지 못했거나 건강에 좋지 않은 음식을 먹었을 때 마음이 무거워집니다. 그런데 우리는 이 모든 계획과 의식이 사람을 위해 있는 것이지, 그것들을 위해 사람이 있는 것이 아니라는 사실을 자주 잊곤 합니다.

예수님은 모든 방법을 고려하십니다. 그분은 위의 말씀을 통해 언제나 사람이 중요한다는 것을 일러 주시지요. 이는 수도원에서든 세속에서든, 우리의 영적인 삶이나 우리가 획득한 삶의 방식을 판단하는 중요한 기준이 됩니다. 왜냐하면 우리는 안식일 계명처럼 도움이 되어야 할 규정들을 종종 너무나 절대적인 것으로 여겨 왔기 때문입니다. 여러 가지 규정들은 우리의 자유를 억압하고 편협함으로 이끄는 내적인 법이 되었습니다. 안식일이 사람을 위해 생긴 것이라는 예수님의 원칙은, 영성이나 건강을 위한 노력을 다하지 못했다는 불안감에서 우리를 해방시킵니다. 규정에 너무 얽매이지 않고 규정의 노예가 되지 않는 것이 우리의 건강에도 유익합니다.

"숨겨진 것도 드러나기 마련이고 감추어진 것도 드러나게 되어 있다." (마르 4,22)

마태오와 마르코, 루카 복음사가는 "숨겨진 것도 드러나기 마련"이라는 예수님의 말씀을 제각기 다른 이야기에 넣어서 자신들만의 고유한 의미로 해석했습니다. 그러나 그 말씀은 무엇보다 절대적인 속성을 지니며, 사람의 모든 영역에서 통용되는 원칙입니다. 우리가 다른 사람들에게 숨길 수 있는 생각이란 없습니다. 우리가 숨기고 싶은 것은 어느 것이든지 말이나, 진실을 겉으로 내비치는 몸짓을 통해서 언젠가는 드러나게 되어 있습니다. 육체적 질병이나 정신적 질병 또한 억압된 열정이나 본능 등을 드러내지요.

예수님은 이 원칙을 말씀하심으로써 우리를 두렵게 만들려고 하신 것은 아닙니다. 오히려 이 말씀에는 우리를 자유롭게 만드는 요소가 들어 있습니다. 우리는 우리에게 숨겨진 모든 것을 숨김없이 바깥으로 드러내도 됩니다. 하느님은 이미 모든 일을 알고 계시기 때문이지요. 하느님은 우리에게 있는 모든 것을 받아들이고 살펴보시며, 그분의 빛과 사랑이 그것들을 꿰뚫고 있기에, 우리는 아무것도 숨길 필요가 없습니다.

위의 말씀은 영적 여정 또는 심리 치료의 여정을 막 시작한 이들이 두려움을 없애는 데에도 도움이 됩니다. 많은 이들이 상담자가 자기 영혼의 가장 깊은 구석까지 살펴볼까 봐 두려워합니다. 그러나 상담자는 아무것도 평가하지 않기 때문에, 대부분의 내담자가 모든 것을 이야기해도 된다는 자유를 체험하게 되지요. 이처럼 하느님의 빛이 모든 것을 밝히고 치유할 수 있기 때문에, 모든 것이 허용되는 것입니다.

어떤 이들은 자신이 힘들게 숨긴 불안감을 동료나 친구들이 찾아내지나 않을까 두려워합니다. 예수님은 위의 말씀을 통해 새로운 태도를 요구하시는 것이 아닙니다. 그보다는 우리가 내적으로 몰두해야 할 원칙을 세우십시오. 우리가 이 원칙을 내면화할 때, 우리는 불안감에서 해방되고 치유받을 수 있습니다.

"사람 밖에서 몸 안으로 들어가 그를 더럽힐 수 있는 것은 하나도 없다. 오히려 사람에게서 나오는 것이 그를 더럽힌다."(마르 7,15)

예수님의 이 말씀은 음식에만 해당하는 것이 아닙니다. 유대인들에게는 어떤 음식이 정결하고 어떤 음식이 부정한지가 중요했습니다. 그러나 예수님은 모든 음식이 정결하다고 선언하셨습니다(마르 7,19 참조).

다른 사람의 생각이 자신에게 부정적인 영향을 줄 수 있다고 걱정하는 사람들이 있습니다. 물론 어떤 집의 분위기나 적대자들이 다른 사람에게 부정적인 영향을 끼치는 경우가 종종 있지요. 외부의 부정적인 영향에 대한 두려움을 논증이나 이해심이 넘치는 공감을 통해서 없애기는 어렵습니다. 이런 경우에는 굳건하고 뒤집힐 수 없는 원칙이 필요합니다. 이런 원칙은 다른 사람들의 부정적인 기운으로부터 영향을 받거나,

해를 입을지도 모른다는 의혹을 모조리 없애 줍니다.

이러한 원칙은 결정적으로 자기 자신에게서 나오는 것입니다. 그렇기 때문에 우리는 외부에서 우리 안으로 들어오고자 하는 모든 것들에 대해 대항할 수 있습니다. 그렇다고 해서 그것들이 우리의 생각과 느낌에 영향을 끼치는 것을 막을 수는 없지요. 그러나 우리에게는 외부적인 요소가 더럽힐 수 없는 공간이 있습니다. 마치 돌에 끌로 새긴 듯이 예수님이 우리 안에 깊게 새겨 주신 말씀은 우리를 해방시켜 줍니다. 그것은 약이 되는 말씀이기 때문이지요.

루카 복음사가는 위의 말씀을 다른 의미로 해석했습니다. 그는 예수님의 이러한 말씀을 전합니다. "속에 담긴 것으로 자선을 베풀어라. 그러면 모든 것이 깨끗해질 것이다."(루카 11,41) 그리스계 그리스도인이었던 루카는 정결한 음식과 부정한 음식을 둘러싼 논쟁에 관해 잘 몰랐습니다. 그는 예수님의 원칙이 사랑을 지향하는 것이라고 해석했습니다. 우리가 가진 것을 다른 이들과 나눈다면, 우리의 재산이나 돈, 음식이 부정한 것은 아닐까 걱정할 필요가 없습니다. 우리가 가진 모든 것을 가난한 이들과 나눈다면, 우리가 가진 모든 것이 다 정결해지기 때문이지요.

이러한 해석 또한 나름대로 의미를 가집니다. 저는 돈을 더러운 것으로만 여기는 사람들을 많이 봤습니다. 그러나 돈 자체가 더러운 것은 아닙니다. 우리가 돈을 다른 사람들과 나눌 때, 돈은 깨끗해집니다. 아우구스티노 성인은, 루카 복음사가가 전하는 예수님의 말씀을 이렇게 번역했습니다. "사랑하라, 그리고 그대가 원하는 대로 해라Ama et fac quod vis." 예수님의 말씀을 이보다 더 간결하고 명확하게 요약할 수는 없습니다.

"너희의 보물이 있는 곳에 너희의 마음도 있다."(루카 12,34)

이 말씀 또한 우리에게 유익한 원칙이 됩니다. 이 말씀이 우리에게 유익한 것이 무엇인지를 알려 주기 때문이지요. 성공이나 재산, 외부의 갈채와 같이 편협하고 세속적인 것을 보물로 여기지 않는 것이 우리 마음을 위해서도 더 좋은 일입니다. 이러한 것들에 매달릴 때, 우리 마음은 그것들이 지닌 속성을 받아들입니다. 우리가 돈을 보물이라고 여긴다면, 우리의 마음은 그저 돈 주위만 맴돌게 되고, 얼마 지나지 않아 굳어져 버립니다. 그러면 우리 마음은 활기와 사랑하는 능력을 잃게 되겠지요.

사랑하는 사람을 우리의 보물로 여긴다면, 우리의 마음은 더욱 넓어집니다. 자기 아내를 '나의 보물Mein Schatz'(독일에서는 연인이나 배우자를 흔히 이렇게 부릅니다. — 역자 주)이라 부르는 남자들이 많습니다. 그러나 그가 아내라는 보물을 옴짝달싹 못하게 움켜쥐면, 오히려 아내는 그에게서 벗어나려 하게 되고, 결국 그는 보물인 아내를 잃게 될 것입니다. 때로는 매일 반복되는 일상에서 그의 보물은 본래의 광채를 잃어버리기도 합니다.

예수님은 하느님이 우리의 참된 보물이라고 가르쳐 주십니다. 그 보물은 우리 안에 있지만, 우리 손에서는 벗어나 있습니다. 그리고 그 보물은 하느님께만 속하는 속성을 지니고 있기 때문에 결코 광채를 잃어버리지 않습니다. 우리가 하느님을 보물로 여긴다면, 우리의 마음은 하느님께 가 있게 됩니다. 그리고 하느님 안에서 우리의 마음은 넓어지고, 마음속 깊이 내적인 평화와 행복을 느끼게 됩니다.

자신의 보물이 하느님뿐이라고 단언할 수 있는 사람은 아무도 없습니다. 예수님은 위의 말씀을 통해, 우리에게 참된 보물은 무엇인지, 우리 마음은 어디에 가 있는지, 우리 마음을 지배하는 것은 무엇인지, 자신에게 끊임없이 물어보기를 요구하십니다.

> "아주 작은 일에 성실한 사람은 큰일에도 성실하고, 아주 작은 일에 불의한 사람은 큰일에도 불의하다." (루카 16,10)

예수님은 이 말씀을 통해 완벽주의를 권유하시려는 것이 아닙니다. 모든 일을 꼼꼼히 하고, 아주 작은 일까지도 모두 완벽하게 수행하라는 권고가 이 말씀에 들어 있다면, 우리는 큰 부담을 느끼겠지요. 예수님은 이 말씀을 통해 다른 것을 이야기하고자 하십니다. 작은 일은 이 세상에 속한 일, 곧 돈을 다룬다거나 회사를 경영한다거나 재산을 관리하는 일 등을 의미합니다. 이 모든 일들은 영혼이나 하느님에 관한 일, 사람에게 있는 하느님께 속한 생명과 같은 큰일에 비하면 작은 일들이지요.

예수님은 우리가 이 세상을 대하는 태도에서 영적인 삶도 결정된다는 것을 말씀하고자 하십니다. 우리는 영적인 삶을 정신적 관념이나 이상에 국한시켜서는 안 됩니다. 물건이나 자신의 몸을 대하는 태도, 자신에게 맡겨진 일을 처리하는 과정 등 여러 가지 일을 대하는 태도에서 우리는 자신이 영적인 삶을 살고 있는지 아닌지를 알 수 있습니다.

그런데 영적인 삶을 사는 이들 중 상당수가 영적인 삶을 핑계로 자신이 일상에서 꼭 해야 할 일들을 회피하고 있다는 사실을 전혀 의식하지 못합니다. 그들은 자신의 시간과 직업, 집안일 등을 소홀히 하거나, 현실 세계에서 영적 환상의 세계로 도피하기도 합니다. 그러나 예수님은 영적인 것과 세속적인 것을 따로 보지 않으시고, 한데 묶으십니다.

예수님은 이 원칙을 돈을 다루는 일과 관련지어 해석하심으로써 '작은 일'들을 다루는 태도를 구체화하셨습니다. 그분은 돈을 "불의한 재물", "남의 것"이라고 지칭하셨습니다. 하느님은 우리가 불의한 재물을 성실하게 다룰 수 있을 때에만 우리에게 참된 재산을 맡기시고, 참된 재물을 주실 것입니다.

참된 재산과 재물은 영혼을 뜻하고, 궁극적으로는 하느님을 의미합니다. 따라서 우리의 영성은, 우리가 돈과 매일매일의 생계를 어떻게 다루는지에 달려 있습니다. 예수님은 우리가 경건한 말과 생각 뒤로 숨는 것을 원하지 않으십니다. 그분은 우리가 끊임없이 지극히 평범한 일상의 현실과 대면하도록 만드십니다. 우리가 일상을 살아가는 모습에서 우리의 인간적인 면과 영적인 성숙함이 드러나는 것입니다.

예수님의 말씀 중에 치유하고 해방하는 작용과 관련하여 탐구할 수 있는 말씀은 이 밖에도 많습니다. 이 모든 말씀은 우리를 다른 차원의 생각과 감정으로 이끌어 주지요. 그 다른 차원에서 우리는 지금까지와는 또 다른 체험을 합니다. 그럼으로써 우리는 "어차피 너는 잘 되는 일이라곤 없어." 또는 "넌 우리에게 짐만 될 뿐이야."와 같은, 상처 주는 말들에 더 이상 휘둘리지 않게 될 것입니다.

예수님의 말씀은 축복의 말씀입니다. 그 말씀 안에서 우리는 하느님의 축복을 접합니다. 그런데 그분의 축복은 우리에게 자주 역설적인 방식으로 다가오지요. 우리는 그저 달래 주시는 말씀이 아닌 예수님의 말씀에 몰두해야만 합니다. 그 말씀은 우리가 하느님과 함께하고 하느님의 힘으로 살 수 있는 다른 차원의 삶으로 우리를 이끌어 줄 것입니다.

PART 3

예수님의
행동 치유법
질병 치유 이야기

들어가며

우리는 앞서 비유와 예수님의 말씀을 통해 그분이 보이신 치유의 지혜를 살펴보았습니다. 질병 치유 이야기에서는 여러 가지 방식으로 병든 이들을 대하시는 예수님의 모습을 볼 수 있습니다. 환자에게 다가가 그들을 고쳐 주시는 예수님의 여러 가지 방식을 예수님의 '치유 방법'이라고 할 수 있지요.

예수님의 치유 방법을 오늘날 여러 심리 치료들과 비교하는 일은 흥미롭습니다. 또한 그 비교를 통해 예수님의 치유 방법이 어떤 심리학적 이론에도 속하지 않는다는 사실을 알 수 있습니다. 대신 그분은 자신의 내적인 직관력에 따라, 그에 맞게 환자들을 대하셨습니다.

우리는 여러 치유 이야기에서 예수님의 치유 방법과 환자들의 회복 과정이라는 두 가지 요소를 발견할 수 있습니다. 예수님은 의사처럼 그저 질병을 제거하심으로써 환자들을 낫게 하신 것이 아닙니다. 그분은 사람들을 만나셨고, 그들 스스로 자신의 상처를 보게 하셨으며, 그들이 오늘 당신과의 만남을 통해 어떻게 나을 수 있는지 방법을 제시하셨습니다. 그런 까닭에 예수님의 치유 이야기는 심리 치료사들이나 영성 상담가들에게만 필요한 것이 아닙니다. 그분의 치유 이야기를 읽는 우리 모두는 자신의 상처를 깨닫고 그 상처를 예수님과의 만남으로 가져가도록 이끌기 때문이지요. 나아가 예수님이 병든 이들을 고쳐 주셨던 방식에서 우리는 자신이 치유되는 과정의 단계들을 발견할 수 있습니다.

성경의 치유 이야기를 살펴보면, 어떤 때는 병든 이들이 예수님을 찾아오기도 하고, 어떤 때는 예수님이 병든 이들에게 다가가시기도 합니다. 때로는 환자의 가족이나 친구들이 예수님께 환자를 데려오기도 하지요.

예수님이 병자를 고쳐 주시는 방식 또한 여러 가지로 묘사됩니다. 그분은 어떤 때는 온화하고 부드러운 방식으로 치유하시지만, 또 어떤 때는 냉혹하고 싸우는 방식으로 치유하십니다.

또한 예수님은 한 개인을 치유하실 뿐만 아니라 사람들 사이의 관계도 치유하십니다. 저는 이 책에서 모든 치유 이야기를 차례로 열거하고 해석하는 것이 아니라, 여러 이야기에서 볼 수 있는 특정한 하나의 치유 방법의 흐름에 대해 설명하고자 합니다.

복음서에 쓰인
질병과 치유

　복음사가들은 예수님의 치료 방법을 특유의 방식으로 체계화했습니다. 즉 복음사가마다 사람들의 질병과 치유를 제각기 다르게 이해했던 것입니다. 그들은 예수님이 병든 이들에게 행하신 바를 치료에 대한 자신의 이해의 범위 안에서 자기만의 방식으로 해석했습니다.

　마르코 복음서에서 질병은 항상 마귀 들린 상태의 또 다른 표현으로 묘사됩니다. 따라서 치료에서 무엇보다 중요한 것은 마귀를 쫓아내는 일이었지요. 마르코 복음사가는 우리의 생각을 어지럽히는 악령을 마귀로 여겼습니다. 성경학자인 프리돌린 슈티어는 마귀를 '반대하는 영'이라고 불렀습니다. 사람들이 하는 일마다 마귀가 "그건 안 될 거야."라고 반대함으로써, 자신의 길을 가지 못하게 막는다는 것입니다.

마르코 복음사가는, 마귀가 사람을 잡아채서 이리저리 몰아댄다고 했습니다. 또한 사람이 예수님의 치유에 관심을 갖는 것을 막으려 한다고 했지요. 이는 사실 마귀가 지닌 비밀인데, 마귀는 사람들이 명확한 노선을 걷지 못하게 하려고 이번에는 이쪽으로, 다음에는 저쪽으로 사람들을 내몹니다. 오늘날 우리의 심리학 지식에 걸맞게 표현하자면, 마귀는 신경증적인 생활 태도요, 심리적 콤플렉스와 강박 관념이며, 분별 있는 생각을 가로막는 고정 관념들이라 할 수 있습니다.

마르코 복음사가에게 치유는 언제나 해방을 의미합니다. 사람들은 치유를 통해, 자신을 규정하고 자신의 참된 본성의 실현을 가로막는 생활 태도에서 해방됩니다. 또한 사람들은 자신의 생각과 느낌을 흐리는 방해물로부터 해방되고, 자신을 이리저리 잡아채면서 치유에 관심을 갖는 것을 가로막는 마귀들에게서 해방됩니다.

유대계 그리스도인이었던 마테오 복음사가는 질병이 죄와 관련이 있다고 보았습니다. 유대계 심리학자이자, 정신 분석학의 창시자인 지그문트 프로이트는 이러한 견해를 자신의 인과적이고 환원적인 질병 해석으로 받아들였습니다. 프로이트는 모든 질병에는 원인이 있다고 보았는데, 이러한 견해가 일리 있다고 여겨질 때도 있습니다. 하지만 병을 앓고 있는 모든 사람들에게 "네 병에 대한 책임은 네게 있어."라고 말할 수 있다는 위험이 있지요. 이 견해에 따른다면, 병을 앓는 모든 이는 자신의 병 때문에 죄책감을 느끼면서 계속해서 "내가 뭘 잘못했지?", "내가 어떤 면에서 잘못 살았나?"라고 자문하게 될 것입니다. 나아가 "하느님이 이 병을 통해 나를 벌주시는 이유가 무엇일까?"라고 자문하게 되겠지요. 이러한 질문들은 환자에게 전혀 도움이 되지 않습니다. 그리고 질병으로 인한 죄책감은 건강 회복에도 방해가 됩니다.

또한 마태오 복음사가는, 치유는 용서와 관계가 있다고 보았습니다. 이러한 견해가 일반화되어서는 안 되지만, 오늘날에도 나름대로 의미를 지닙니다. 과거에 지은 죄를 잊지 못하거나 자기 자신을 용서하지 못해서 건강을 회복하지 못하는 사람들도 많기 때문입니다. 이처럼 강박과 관련된 수많은 질병들이 억압된 죄책감에서 기인한 것일 수도 있습니다. 사람은 오로지 자신이 죄를 용서받았다는 굳은 믿음을 갖고 있을 때에만 자신을 용서할 수 있기 때문이지요. 또한 자신에게 상처를 준 사람을 용서하지 않는 사람은, 자신에게 상처를 준 그 사람에게 여전히 얽매여 있다는 것을 깨달아야 합니다. 그들을 용서하고 그들에게서 자유로워져야 내면의 건강을 회복할 수 있는 것이지요. 이처럼 용서는 오늘날에도 수많은 환자들에게 효과가 있는 치료 방법 중 하나입니다.

안식일에 병을 고친 것을 가장 많이 전해 준 복음사가는 루카입니다. 그리스계 그리스도인이었던 루카에게 질병은 사람이 변형된 것을 의미했습니다. 예를 들면, 누구는 등이 휘고 누구는 중독에 빠지고, 또 누군가는 마음이 다시 바뀌기 어렵게 굳어져 버린 것처럼 말이지요. 그런 사람을 예수님이 다시 원래 모습대로, 즉 하느님이 천지 창조 때 지으셨던 바로 그 형상대로 되돌림으로써 회복이 이루어진다고 보았습니다.

루카 복음사가의 정신적 배경인 그리스 철학에 따르면, 사람이 병들면 인간적 품위도 손상되고, 영혼이 누리던 조화도 깨집니다. 따라서 치유는, 사람이 자신의 본래적인 형상과 아름다움뿐만 아니라, 자신의 품위와 내적인 조화도 회복하는 것을 뜻합니다.

전해 오는 이야기에는 루카 복음사가가 의사였다고 하는데, 그 때문인지 그는 의학 용어를 자유롭게 구사했습니다. 그는 '이아오마이 $\iota\acute{\alpha}o\mu\alpha\iota$(치료하다)'와 '테라퓨오 $\theta\epsilon\rho\alpha\pi\epsilon\acute{\iota}\omega$(건강하게 만들다, 돌보다)'라는 단어를 가장 많이 사용한 복음사가지요. 그런데 예수님은 병든 이를 고쳐 주시는 의사였을 뿐만 아니라, 그리스인들이 이해했던 것처럼, 인생이라는 우리의 배를 올바른 방향으로 나아가게 하는 키잡이와 같은 분이셨습니다. 우리가 건강하게 잘 살 수 있는 삶의 기술을 가르쳐 주신 것이지요. 따라서 그분의 치유 행위와 마찬가지로 그분의 가르침 또한 치유 행적에 속한다고 할 수 있습니다.

요한 복음서에서 질병은 사람이 하느님께 속하는 근원과의 관계를 상실한 상태로 묘사됩니다. 요한 복음서에 의하면 벳자타 연못과 실로암 연못에서 가장 중요한 치유 사건이 일어났습니다. 사람은 자신이 하느님께 속하는 근원과 차단되면 병을 앓게 됩니다. 따라서 치유는 사람이 하느님께 속하는 근원과 다시 관계를 맺음으로써 이루어집니다.

예수님은 치유를 위해 굳이 병든 이를 외형적인 샘물, 곧 벳자타 연못에 담글 필요가 없었습니다. 대신 그분은 당신의 말씀과 만남을 통해 병든 이가 다시 내적인 샘물을 만나게 하셨는데, 그렇게 하여 차단되었던 내면에서 샘물이 다시 샘솟게 되었습니다. 이러한 견해는 오늘날 심리학에서도 입증되었습니다. 융은, 사람이 하느님께 속하는 영역인 신성神聖을 다시 만나, 자신에게 있는 하느님의 형상을 발견하고, 하느님의 영이라는 원천을 이용할 때에만 비로소 본질적인 치유가 이루어진다고 확신했습니다.

사람은 누구나 자기 안에 자연 치유력의 원천을 품고 있습니다. 그런데 우리가 이 원천에 접근하려면, 때때로 외부의 자극이 필요할 때가 있습니다. 우리 영혼은 자기에게 유익한 것이 무엇인지 마음속으로 느끼지만, 그 느낌을 신뢰하기 위해서는 때때로 외부의 지지가 필요합니다.

이처럼 4복음서는 질병과 치유에 관해 서로 다르게 이야기합니다. 이로써 우리는 예수님의 치유 행위를 한 가지 방식으로만 해석해서는 안 된다는 것을 알 수 있습니다. 예수님의 치유 행위는 여러 가지 해석이 가능합니다. 그런 까닭에 제가 이 책에서 시도하는 해석 또한 여러 가지 해석 중의 하나이며 또 주관적입니다. 저는 영성 상담을 해 오면서 겪은 경험들을 바탕으로 예수님의 치유 이야기들을 해석해 보고자 합니다.

직접 다가가
치유하신 예수님

몇 가지 치유 이야기에서 예수님은 병든 이들에게 다가가십니다. 병든 이들은 그저 예수님과 같은 장소에 있을 뿐, 그분에게 적극적으로 말을 걸지는 않습니다. 오히려 예수님이 그들을 알아보시고, 직접 그들을 치유하기 시작하셨지요.

'시몬의 병든 장모를 고치시다' (마르 1,29-31; 루카 4,38-39)
: 주도권을 쥐고 계신 예수님

예수님이 병든 이에게 다가가시는 모습을 베드로의 병든 장모를 고쳐 주신 이야기에서 처음 접할 수 있습니다. 예수님은 제자들과 함께 베드로의 집으로 가셨는데, 거기에는 열병을 앓고 있던 베드로의 장모가 누워 있었습니다. 제자들은 그녀의 병에 관해 이야기를 나눴습니다. 그런데 마르코 복음서에서는 제자들이 예수님께 치유를 청하지 않습니다. 예수님은 그들의 대화에 귀를 기울이셨고, 부인에게 직접 다가가셨습니다. "예수님께서 그 부인에게 다가가시어 손을 잡아 일으키시니 열이 가셨다. 그러자 부인은 그들의 시중을 들었다." (마르 1,31)

이 이야기에서 주도권은 예수님이 쥐고 계십니다. 예수님은 병든 이에게 다가가 그녀의 손을 잡으셨습니다. 예수님이 그녀와 관계를 맺으신 것이지요. 그리고 그녀의 손을 잡으심으로써 그녀에게 자신의 힘을 나눠 주셨습니다. 그러자 병든 이는 예수님의 힘으로 가득 차서 일어설 수 있게 되었고, 열도 떨어졌습니다.

루카 복음사가는 자신의 복음서에서 이 이야기를 다른 각도로 묘사했습니다. 루카 복음서에는 제자들이 예수님께 병든 부인을 낫게 해 달라고 청한 이야기가 나옵니다. 병든 부인은 예수님께 다가갈 수 없었고, 그저 침대에 누워 있었습니다. 예수님은 루카 복음사가가 전하는 대로 제자들의 청에 따라, 혹은 마르코 복음사가가 전하는 바와 같이 그녀에 관한 이야기를 들으시고 마음이 움직이시어 그녀에게 다가가셨습니다. 예수님은 부드러운 몸짓으로 부인에게 몸을 기울이시고, 사랑스럽게 그녀를 바라보셨습니다. 이어서 예수님은 열더러 부인에게서 떠나라고 명령하셨습니다. 열은 그분의 말씀에 복종했고, 그러자 부인의 병이 즉시 나았습니다.

"예수님께서 그 부인에게 가까이 가시어 열을 꾸짖으시니 열이 가셨다. 그러자 부인은 즉시 일어나 그들의 시중을 들었다." (루카 4,39)

'안식일에 손이 오그라든 사람을 고치시다' (마르 3,1-6)
: 순종적인 사람을 치료하신 예수님

마르코 복음사가는 손이 오그라든 남자에 관한 이야기를 전합니다. 그 남자는 회당에 앉아 있었고, 예수님은 예배에 참석하시려고 회당으로 들어가셨습니다. 병든 남자는 그저 그곳에 있었을 뿐, 예수님께 다가가서 낫게 해 달라고 청하지 않았습니다.

그런데 예수님이 그를 알아보시고 적극적으로 그에게 말을 건네셨습니다. "일어나 가운데로 나와라." (마르 3,3) 이 말씀이 이미 치유의 첫 단계였습니다.

손이 오그라든 남자는 다른 사람들 눈에 띄지 않으려 하고, 실패를 두려워한 나머지 그저 수동적으로 하라는 대로만 하는 사람들을 상징합니다. 그러나 그가 낫고자 하는 마음이 있다면, 그는 일어나야 하고, 모두가 볼 수 있는 가운데로 나와야 합니다. 그는 더 이상 다른 사람들의 눈에 띄지 않게 숨을 수 없습니다. 예수님은 그가 늘 피하고자 했던 일, 즉 한가운데에 서서 다른 사람들의 시선과 평가를 받는 일을 해낼 수 있다고 믿으셨습니다.

그리고 나서 예수님은 그를 위해 자신이 늘 피하셨던 이들과 논쟁을 벌이셨습니다. 그분은 바리사이들에게 물으셨습니다. "안식일에 좋은 일을 하는 것이 합당하냐? 남을 해치는 일을 하는 것이 합당하냐? 목숨을 구하는 것이 합당하냐? 죽이는 것이 합당하냐?" (마르 3,4)

예수님은 율법에 충실한 그들의 태도를 악을 저지르고 목숨을 빼앗는 행위로 해석하셨습니다. 율법을 모든 것 위에 놓는 사람은 결국 악을 저지르고 사람들의 목숨까지 빼앗게 됩니다. 그곳 회당에서 혈혈단신이셨던 예수님은 "노기를 띠시고 …… 그들의 마음이 완고한 것을 몹시 슬퍼하시면서" (마르 3,5) 바리사이들을 둘러보셨습니다.

이윽고 예수님은 바리사이들에게 이렇게 말씀하십니다. "너희들은 냉혹하고 완고한 마음을 지닌 듯하구나. 나는 너희를 비난하지 않는다. 하지만 나는 내가 옳다고 여기는 일을 하겠다. 나는 너희의 뜻을 따르지 않고 나의 내면의 직감을 따를 것이다." 예수님은 이러한 마음을 병든 이에게 드러내 보이셨습니다. "그 사람에게, '손을 뻗어라.' 하고 말씀하셨다. 그가 손을 뻗자 그 손이 다시 성하여졌다."(마르 3,5)

예수님은 병든 이와는 달리, 자유인으로서 행동하셨습니다. 다시 말해 그분은 다른 사람들의 의견에 휩쓸려 특정한 방향으로 떠밀리지 않고, 자기 내면의 소리에 따라 하느님과 하나 되어 독자적으로 행동하셨습니다. 병든 이는 그분의 행동을 이해했습니다. 갈등을 불러올 수도 있는 행동이었지만, 그는 이제 손을 뻗을 용기를, 다시 말해 자기 삶을 스스로 책임질 수 있는 용기를 얻었습니다. 그는 이제야 비로소 행동하는 사람이 되었으며, 더 이상 다른 사람들이 자신에 관해 이러쿵저러쿵하는 것을 원하지 않았습니다.

이 이야기는 영성 상담가나 심리 치료사가 내담자들이 자기 삶을 스스로 책임지고 이루어 가도록 이끌 때, 예수님은 다른 이들을 어떻게 격려하셨는지 볼 수 있는 좋은 본보기가 됩니다. 또한 이 이야기는 우리에게 도전이 되기도 하는데, 우리가 다른 사람들 뒤에 숨지 않고 삶의 도전에 응하도록 초대하기 때문입니다. 우리는 이 이야기에서 우리가 피해서는 안 될 외부에서 오는 갈등에 대응할 힘과, 실패를 무릅쓸 용기를 얻을 수 있습니다.

'등 굽은 여자를 안식일에 고쳐 주시다', '수종을 앓는 이를 안식일에 고치시다' (루카 13,10-17; 14,1-6)
: 사람을 본연의 상태로 돌려놓으신 예수님

위와 비슷한 치유 이야기를 루카 복음서 13장과 14장에서 볼 수 있습니다. 여기서도 병든 이들은 그저 자리만 지킬 뿐이지요.

예수님이 가르치시던 회당에 등이 굽은 여인이 앉아 있었습니다. 이 이야기에서도 주도권은 예수님이 쥐고 계십니다. 등이 굽어 몸을 조금도 펼 수 없었고, 그로 인해 다른 사람들의 얼굴도 볼 수 없었던 이 여인을 예수님은 네 단계에 걸쳐 치유하십니다.

치유의 첫 번째 단계는, 예수님이 자기 안에 갇혀 있던 이 여인을 바라보심으로써 그녀를 존중하신 것입니다.

두 번째 단계로 예수님이 그녀에게 말을 건네셨습니다. 그리스어 동사인 '프로세포네센$προσεφώνησεν$'은 '부르다', '말을 걸다'라는 뜻입니다. 예수님은 그녀에게 무엇을 하라고 권고하거나 가르치지 않으셨습니다. 단지 그분은 그녀와 대화하셨고, 그녀를 업신여기지 않으셨지요.

세 번째 단계로 "여인아, 너는 병에서 풀려났다."(루카 13,12)라며 확실한 약속을 해 주셨습니다. 예수님은 여인에게 치유와 구원을 약속하신 것이지요. 그분은 이미 그녀 안에 있는 것에 관해 말씀하셨습니다. 즉, 그녀 안에 이미 구원되어 자유로운 것, 굳건하고 힘이 있는 것, 건강하고 온전한 것이 있음을 상기시켜 주신 것입니다. 그분은 그녀가 자신의 고유한 능력과 여인으로서 지닌 품위를 깨닫게 하셨습니다.

네 번째 단계로, 예수님이 그녀에게 안수하심으로써 당신의 힘이 그녀에게 흘러 들어가게 하셨습니다. 그분은 당신의 힘과 영을 그녀에게 나눠 주셨습니다. 또한 예수님이 여인에게 손을 얹으심으로써, 그녀가 자기 자신과 자신의 능력, 자신의 존엄성을 깨닫게 되었다고도 볼 수 있습니다.

이 네 단계의 치유 과정으로 인해 여인은 똑바로 일어서서 하느님을 찬양할 수 있게 되었습니다. 이 이야기에서 예수님은 여인의 상황에 정확히 필요한 행동을 하셨습니다. 그분이 행하신 치유 단계들은 어인의 질병에 어울리는 것이었지요.

예수님은 치유 과정을 통해, 여인이 굽은 등을 펴고 스스로 일어서는 데 꼭 필요했던 것들을 그녀에게 주셨습니다. 예수님이 그녀를 바라보시고, 그녀에게 말을 거시며, 그녀에게 손을 얹으심으로써, 그녀는 자기 자신뿐만 아니라 본래 지녔던 힘과 능력도 깨닫게 되었습니다. 예수님은 어떤 방법을 이용해 그녀의 등이 굽은 것을 바로잡으려고 하지 않으셨습니다. 그분은 그저 그녀에게 손을 얹으심으로써, 그녀가 자기 자신과 자신의 내적인 힘을 깨닫게 만드셨습니다.

그렇게 해서 여인은 스스로 똑바로 일어섰습니다. 그동안 자기 안에 갇혀 있던 그녀는 이제 똑바로 설 수 있는 자신의 능력을 알게 되었습니다. 그래서 그녀는 똑바로 일어서서 하느님을 찬양했습니다. 과거에 그녀는 굽은 등 때문에 하느님과의 관계를 잃었지만, 이제 그녀는 하느님을 찬양하며 안식일에 어울리는 일을 하게 되었습니다. 그녀는 하느님이 천지 창조 때 그녀를 지어 내셨던 모습 그대로 품위 있고 올바르며, 주변 사람들과 좋은 관계를 맺고, 하느님에게 속해 있는 여인이 되었습니다.

수종을 앓던 남자의 치유 이야기도 이와 비슷합니다. 수종을 앓던 남자 역시 아무런 행동도 하지 않은 채 예수님 앞에 서 있었는데, 예수님이 먼저 행동하셨습니다. 예수님은 우선 율법 교사들과 바리사이들에게 병을 고쳐 주는 일이 안식일에 허용된 일인지를 물으셨습니다. 그런데 그들이 침묵을 지키자, 그분은 마음이 이끄는 대로 행동하셨습니다. "예수님께서는 그의 손을 잡고 병을 고쳐서"(루카 14,4) 돌려보내셨습니다.

루카 복음사가는 예수님의 행위를 '손을 잡다', '병을 고치다', '돌려보내다'라는 세 단어로 묘사했습니다. 예수님은 병든 이의 손을 잡으시고, 그를 돕기 위해 그에게 관심을 보이셨습니다.

두 번째로 루카 복음사가는 '병을 고치다'라는 예수님의 치유 행위를 지칭하기 위해 그리스어 '이아사토 $ιάσατο$'를 사용했습니다. 이 단어는 '병을 고치다', '돕다', '온전하게 만들다'라는 의미를 갖고 있습니다. 루카 복음사가는 이 단어를 열다섯 번이나 사용했습니다. 이는 루카 복음사가가 예수님을, 하느님이 생각하셨던 모습대로 사람들을 회복시키는 의사로 여겼다는 것을 보여 줍니다. 예수님은 균형을 잃어버린 사람들을 원래의 모습으로 되돌리시고, 그들이 갈라놓았던 것을 다시 결합시킴으로써 그들을 도와주시는 치유자입니다.

세 번째로 '돌려보내다'라는 의미를 나타내기 위해 그리스어 '아폴뤼오$\alpha\pi o\lambda\iota\omega$'를 사용했는데, 이는 '해방하다', '풀다', '떠남을 허락하다'라는 뜻도 갖고 있습니다. 루카 복음사가는 이 단어를 루카 복음서 13장의 '등 굽은 여자를 안식일에 고쳐 주시다'에서 이미 사용한 바 있습니다. '돌려보내다'라는 것은 사람을 질병의 굴레와 마귀의 사슬에서 풀어 주고 해방시킨다는 것을 의미합니다. 이 구절에서는 '떠남을 허락하다'라는 의미로도 쓰였지요. 예수님은 병을 앓던 이를 떠나 보내셨고, 그는 이제 자신의 고유한 길을 갈 수 있게 되었습니다.

루카 복음사가는 자주 다의적인 단어를 사용했습니다. 그는 분명히 '해방하다'와 '풀다'를 같은 뜻으로 여겼습니다. 병이 나은 사람은 또한 해방된 것이고, 모든 장애에서 풀려났으며, 구원을 받은 것을 의미하기도 했지요. 질병은 '묶여 있음'을 뜻합니다. 어떤 사람이 생활 방식과 습관, 강박에 묶여 있거나 사람들에게 얽매이면, 그 사람에게 부정적인 기운이 감돌게 됩니다. 치유는 묶여 있던 모든 것으로부터 해방되고, 그로써 부정적인 내적 특성이 소멸됨을 의미합니다. 속박에서 벗어날 때, 다른 사람과의 연대감과 우정 등을 누릴 수 있습니다.

다른 사람들과 좋은 관계를 맺고 친해지는 것은 건강하게 살기 위해 꼭 필요한 요소입니다. 그리스인들은 우정을 맺는 능력이 아름답고 선한 사람의 본질적인 모습 가운데 하나라고 생각하기 때문에 루카 복음사가는 이런 능력을 회복시켜 주시는 예수님을 의사로 묘사한 것입니다.

예수님이 등이 굽은 여인과 수종을 앓던 남자를 고쳐 주신 과정을 루카 복음사가는 묘사했고 그를 통해 우리는 자신이 치유되는 과정 또한 알 수 있습니다. 우리는 먼저 자기 안에 있는 것을 살펴보고, 마음에 떠오르는 것과 대화하며, 자신이 지닌 자원을 인식해야 합니다. 그럼으로써 우리는 등이 굽은 여인처럼 다시 기운을 얻고, 자신의 존엄성을 깨닫게 될 것입니다. 우리는 수종을 앓던 남자처럼 예수님과의 만남에서 감동을 받고, 자신의 건강함과 온전함, 그리고 자유를 믿어야 합니다. 그럴 때 우리는 비로소 온전한 여성과 남성으로서 자기 안에 있는 모든 것을 토대로 품위 있고 올바르며 자유로운 삶을 살 수 있습니다.

'벳자타 못 가에서 병자를 고치시다' (요한 5,1-6)
: 마비된 이의 치유와 두려움의 변화

요한 복음서에는, 갖가지 병을 앓고 있는 수많은 사람들 사이에서 그저 누워 있는 마비된 사람에 관한 이야기가 나옵니다. 그런데 예수님은 38년이나 몸이 마비되는 병을 앓고 있던 이 남자를 눈여겨보셨습니다.

오랫동안 병을 앓아 온 이 남자는 이스라엘 백성의 이집트 탈출을 연상시킵니다. 이스라엘 백성은 사막을 떠돈 지 2년이면 충분히 목적지에 다다를 수 있었습니다. 그러나 이스라엘 백성은 하느님께 반역했기 때문에, 싸울 수 있는 남자들이 모두 사망할 때까지 38년 동안 사막에서 더 떠돌아야 했습니다. 예수님이 말을 거신 병자는, 무기도 없고 자기방어를 할 수도 없는 무방비 상태로 외부의 영향만을 받는 사람이었습니다. 그는 또한 외부의 위협을 두려워한 나머지 오히려 무감각해진 사람을 나타냅니다.

어떤 두 사람이 이야기를 나누는 것을 그가 보았다고 가정해 봅시다. 그는 즉시 그들이 자신에 관해 이야기하고 있다고 짐작하고는 자신에 관해 뭐라고 할지 궁금해할 것입니다. 그러다가 만약 그들 중 한 사람이 유감스러운 눈길로 자신을 바라본다면, 그는 즉시 자신의 말과 행동을 돌이켜 보며 자신의 잘못을 찾으려 애쓰겠지요. 그는 자기방어조차 할 수 없기 때문에, 자신을 감싼 부정적인 분위기에 더욱 휘둘리게 됩니다.

이 이야기에 나오는 병자는 이런 사람이었기 때문에 예수님은 이 남자에게 꼭 필요한 일을 행하셨습니다. 예수님은 그를 바라보시고, 다른 사람들에게서 '따로 떼어 놓으셨습니다.' 즉, 병든 이들의 무리에서 끄집어내어 그를 무방비 상태에서 해방시키고자 하셨습니다. 예수님은 그의 병이 무엇인지를 알고 계셨습니다. 이 구절에서는 '지식', '인식', '깨달음'이라는 뜻을 지닌 그리스 단어 '그노시스$\gamma\nu\omega\sigma\iota\varsigma$'가 쓰였습니다. 예수님은 통찰력으로 그를 꿰뚫어 보셨고, 그의 밑바닥까지 들여다보셨습니다.

이처럼 예수님은 깊은 통찰, 곧 '그노시스'를 토대로 병자에게 "건강해지고 싶으냐?"(요한 5,6)라고 물으셨습니다. 그분은 병자가 소신 없이 다른 사람들에게 휘둘리고 있다는 것을 알고 계셨기 때문에 그가 자신의 의지로 깨닫도록 이끄셨던 것입니다.

이 질문을 기이하게 생각하는 사람들이 많습니다. 그들은 사람이면 누구나 건강해지고 싶어 한다고 생각하기 때문입니다. 그러나 심리학에서는 이를 '이차적 이득'과 관련지어 설명합니다. 어떤 이들은 자기 병을 통해 이득을 보기도 한다는 것이지요.

예를 들어 병이 든 사람은 생계를 책임지지 않아도 된다는 이익을 얻는다는 것입니다. 제가 어떤 부인을 1년 동안 상담한 적이 있었는데, 상담 기간이 길어져도 별 효과가 없었습니다. 1년이 지났을 무렵, 저는 그녀가 전혀 건강해지고 싶어 하지 않음을 눈치챘습니다. 그녀는 그저 저와 대화를 계속해 나가기를 원할 뿐이었습니다. 상담 시간은 그녀의 질병이 가져다준, 또 하나의 욕구 충족을 위한 시간이 되어 버린 것입니다. 만약 그녀가 자기 문제들을 해결하게 된다면, 더 이상 저와 새로운 상담 시간을 약속할 이유가 없었기 때문에, 그녀는 해결을 미루고 계속 상담을 받아 온 것이지요.

병을 앓던 남자는 예수님의 도전적인 질문에 매우 동떨어진 답변을 했습니다. 자신이 겪는 곤경의 책임을 다른 병자들에게 돌렸지요. 그는 자신을 돌봐 줄 이가 아무도 없기에, 못의 물이 출렁거릴 때 그 안으로 자신을 넣어 줄 이도 없다고 했습니다. 이 말에 예수님은 이해심과 동정심이 가득 담긴 말씀이 아니라, 매우 도발적인 말씀으로 응답하셨습니다.

어떤 심리 치료사는 이 이야기에서 병자가 자신을 바라보고 각성하도록 이끄시는 예수님의 치유 방식에 깊은 인상을 받았다고 말했습니다. 예수님은 병자가 자신의 능력을 대면하게 하셨습니다. 그분은 병자의 불평을 받아 주시는 것이 아니라, 병자에게 지체 없이 걸어가라고 명하셨지요. 그리고 자신의 병에 대한 책임이 다른 사람에게 있다는 병자의 그릇된 생각을 없애 주셨습니다. 예수님은 그러한 변명을 인정하지 않으셨습니다. 그래서 병자에게 호통치듯이 "일어나 네 들것을 들고 걸어가거라."(요한 5,8) 하고 말씀하셨습니다. 병자는 다른 사람들이 자신을 옮겨 줄 때까지 기다려서는 안 됩니다. 자신의 약점과 마비에서 벗어나 스스로 일어서야 합니다.

그는 더 이상 누워 있을 것이 아니라, 자기 병의 상징인 들것을 들어야 합니다. 다시 말해 그는 자신을 가로막았던 것들을 지금까지와는 다른 방식으로 다뤄야 하는 것입니다. 그는 자신의 마비, 약점과 불안을 지닌 채 일어서야 합니다. 또한 자신을 가로막았던 것들과 화해하고 그것을 들어 올려야 합니다. 그렇게 하면 이전에는 그의 삶에 장애로 느껴지던 것들이 더 이상 장애로 느껴지지 않을 것이며, 자신의 고유한 길을 걸을 수 있게 될 것입니다.

우리는 이 구절에서도 예수님이 이 병자에게 적합한 치유 방법을 사용하셨음을 알 수 있습니다. 그분은 병자의 불평에 관심을 보이는 대신, 병자에게 스스로 자신을 책임지라고 요구하셨습니다.

예수님의 이 말씀은 제 인생에서 핵심적인 문구가 되었습니다. 저는 제 자신이 마비되는 것을 느낄 때마다, 또한 다른 사람에게 모욕을 받거나 다른 사람에게 저의 한계와 불안감을 들킬까 두려워질 때마다, 이 문구를 머릿속에 떠올립니다.

불안한 가운데서도 자신의 두려움을 억압하지 않고 유익하게 대처하는 방법은 주저 없이 일어서는 것입니다. 그렇게 해야 두려움으로 인해 자신이 마비되는 일 또한 없게 됩니다. 우리는 두려움이 치유될 때까지 기다리기만 할 것이 아니라, 두려움을 털고 일어나 자신의 길을 걸어가야 합니다.

예수님의 이 말씀에서 영성 상담의 목표도 드러납니다. 많은 사람들이 주저함과 떨림, 화끈거림, 불안감과 같은 불편한 증상들로부터 벗어나기를 바라지요. 그러나 영성 상담의 목표는 질병의 모든 증상을 없애는 데 있는 것이 아니라, 자신의 두려움과 불안감, 심리적 압박감들을 지금까지와는 다른 방식으로 대하도록 만드는 데 있습니다. 심리적 압박감에 자신을 계속 묶어 두지 말고, 그것을 마치 들것처럼 옆구리에 끼고 사람들 속으로 들어가야 합니다.

치유를 위해
직접 찾아온 사람들

'나병 환자를 고치시다' (마르 1,40-45)

: 자기 자신을 받아들이도록 만드는 치유

"어떤 나병 환자가 예수님께 와서 도움을 청하였다. 그가 무릎을 꿇고 이렇게 말하였다. '스승님께서는 하고자 하시면 저를 깨끗하게 하실 수 있습니다.'" (마르 1,40)

이 이야기에서 병자는 자발적으로 예수님을 찾아왔습니다. 그는 자신이 나병을 앓고 있기 때문에 사람들에게 버림을 받았다고 느꼈고, 스스로 일어설 수 없다고 생각했습니다. 또한 그조차도 스스로 자기 자신을 받아들이지 못하기 때문에, 다른 사람들도 모두 자신을 기절하고 내쫓는다고 여겼습니다. 심적인 부담을 너무 크게 느낀 나머지, 그는 자신과 다른 사람들에게 거부당하는 악순환에서 벗어나고자 했지요.

그와 예수님의 만남을 네 단계로 구분할 수 있습니다. 그는 예수님을 찾아왔고, 그분께 도움을 청했으며, 그분 앞에 무릎을 꿇음으로써 자신의 무력함을 고백했지요. 하지만 그의 말에는 어떤 함정이 엿보입니다. 그는 치유와 관련된 모든 책임을 예수님께 떠넘겼습니다. 다시 말해 예수님이 자신을 깨끗하게 만드셔야 한다는 것입니다.

결국 예수님이 모든 치유 작업을 수행하셔야 하며, 병자 자신은 치유를 위해 하는 일이 아무것도 없는 셈입니다. 그러나 예수님은 그의 말에 개의치 않으셨습니다. 그분은 병자를 고쳐 주셨지만, 병자가 생각했던 것과는 다른 방식으로 그 일을 행하셨습니다.

대부분의 경우처럼 이번에도 그분의 치유는 네 단계로 이루어졌습니다. '4'라는 숫자는 현세적인 것을 상징합니다. 치유의 네 단계를 거친 사람은 하느님이 만드셨던 본래의 사람다운 모습을 회복하게 되었습니다.

치유의 첫 단계는, 예수님이 나병 환자를 가엾게 여기셨다는 것입니다. 그분은 병자를 위해 당신의 마음을 여셨습니다.

두 번째 단계는, 예수님이 그에게 손을 내미셨다는 것, 곧 그와의 관계를 받아들이셨다는 것입니다. 상담을 받으러 온 이들 가운데에는 관계를 상실한 이들이 많습니다. 그들은 자기 자신과의 관계도 잃어버렸기 때문에, 자기 문제에 관해서 다른 사람의 이야기를 하듯 말합니다. 그러므로 상담자에게는, 그가 관계를 회복하도록 만드는 일이 과제가 됩니다. 치유는 언제나 관계 속에서 이루어지기 때문이지요. 내담자가 관계를 상실한 상태에 머무는 한, 상담자의 도움은 공허한 것이 되고 맙니다.

세 번째 단계는, 예수님이 병자를 만지셨다는 것입니다. 예수님은 나병 환자가 둘렀던 철갑을 깨부수셨습니다. 병자와의 신체 접촉을 두려워하지 않으셨던 그분은 병자에게 다가가 그를 만지심으로써, 당신의 한없는 사랑을 보여 주셨습니다.

내담자가 상담 중에 털어놓는 내적인 혼돈과 괴로움 같은 복합적인 심리를 상담자가 대하는 것은, 상담자에게도 즐겁지 않은 일입니다. 그래서 환자의 부정적인 영향력으로부터 자신을 보호하려고 하는 심리 치료사들도 많습니다. 그들은 환자와 거리를 유지하려고 하지요. 그러나 예수님은 병자와의 접촉을 두려워하지 않으셨습니다. 그분은 당신 자신과 하느님 안에 머물러 있었기 때문에, 병자가 내뿜는 괴로움과 독성도 그분에게 나쁜 영향을 끼치지 않았습니다.

상담자는 예수님의 모습에서 내담자들에게 마음을 여는 모습을 배울 수 있습니다. 그러나 상담자들의 마음이 내담자의 문제들로 차고 넘치지 않으려면 예수님처럼 아버지이신 하느님과 하나가 되어 있어야 합니다. 상담자가 고요한 마음을 간직할 때, 그들은 더 이상 내담자의 괴로움과 혼란스러운 느낌에 영향을 받을까 봐 두려워하지 않아도 됩니다.

치유의 네 번째 단계는, 예수님이 병자에게 "내가 하고자 하니 깨끗하게 되어라."(마르 1,41) 하고 말씀하신 것과 관련이 있습니다. 예수님은 병자에게 관심을 보이셨고, 그를 조건 없이 받아들이셨습니다. 그러나 그분은 치유에 관한 모든 책임을 떠안지는 않으셨고, 마법으로 나병을 쫓아내는 마술사의 역할도 맡지 않으셨습니다.

사실 많은 내담자들이 마음속에 이러한 요구를 지닌 채 상담을 하러 옵니다. "최선을 다해 보세요. 당신은 의사고, 심리 치료사이자, 영성 상담가잖아요. 저를 건강하게 만들어 주세요. 당신이 그걸 어떻게 이루는지 보고 싶어요." 심리 치료사나 영성 상담가를 몇 번씩 바꿔 보는 사람들도 많습니다. 그들은 자신들이 낫지 않는 책임이 늘 상담자에게 있다고 생각하지요. 그러나 정작 그들은 자신의 문제에 대해 관찰자의 입장에 머물러 있습니다. 그들은 스스로 변화할 마음도 없으면서 낫기만을 바랍니다. 그들은 심리 치료사나 의사가 마치 '기계'를 고치듯 자신을 치료해야 하며, 자신은 직접 자기 문제와 씨름할 필요가 없다는 잘못된 생각을 갖고 있습니다.

예수님은 병자의 기대에 휘둘리지 않으셨습니다. 그분은 자유 안에서 병자를 만나셨고, 당신이 하실 수 있는 일을 하셨습니다. 그분은 병자를 도우셨고 그를 받아들이셨습니다. 그러나 그분은 이제 병자의 책임도 요구하십니다. "깨끗하게 되어라."라는 말씀은 결국 이러한 뜻을 지니지요. "나는 너를 받아들인다. 이제는 네가 네 자신에게 동의하고 네 자신을 받아들여야 한다."

자기 자신을 받아들이기 어려워하는 사람에게는 다른 사람들에게 받아들여지는 경험이 필요합니다. 따라서 그는 먼저 다른 사람들에게 다가감으로써, 자기 자신과 다른 사람들에게 거부당하는 악순환에서 벗어나야 합니다. 그리고 만남을 통해 자신도 무엇인가를 수행해야 합니다. 그에게는 다음과 같은 결심이 필요한 것이지요.

'나는 나 자신을 받아들이고, 나 자신을 도우며, 현재 있는 그대로의 나를 선택하겠다. 그럴 때 나는 깨끗해지고 자신과 하나가 되며, 스스로에게 가졌던 망상들이 사라질 것이다. 나는 평범하고 부족한 나의 모습을 받아들이겠다. 그리고 다른 사람들이 나를 받아들여야 한다는 주장만을 무조건 내세우지도 않겠다. 내가 나를 돕는 한, 다른 사람들이 나를 돕지 않는다 할지라도 나는 넘어지지 않을 것이다.'

'나병 환자 열 사람을 고쳐 주시다' (루카 17,11-19)
: 일상적인 일을 행하여 얻은 치유

루카 복음사가는 나병 환자 열 사람이 치유된 이야기를 전합니다. 그는 마르코 복음사가의 나병 환자 치유 이야기를 넘겨받았지만, 마르코 복음사가를 훨씬 뛰어넘는 이야기를 풀어놓습니다. 또한 이 이야기에서 루카 복음사가는 마르코 복음사가와는 다른 곳에 주안점을 두었습니다.

이 이야기에서 나병 환자 열 사람이 예수님을 찾아갔습니다. 그들은 당시의 율법이 명하는 대로 다른 사람들에게서 멀찍이 서 있었습니다. 나병 환자는 건강한 이들에게 가까이 갈 수 없었으며, 일정한 거리를 두고 사람들과 떨어진 채로 "부정 不淨합니다! 부정합니다!"라고 외쳐야 했습니다. 그런데 이 이야기 속의 나병 환자들은 "부정합니다!"라고 외치는 대신 "예수님, 스승님! 저희에게 자비를 베풀어 주십시오."(루카 17,13)라고 소리 높여 말했습니다.

'스승님'이란 호칭은, 나병 환자들이 이미 예수님에 관해 들은 바가 있으며, 그분을 높이 평가하고 있다는 것을 보여 줍니다. 그들은 예수님이 자신들을 고쳐 주셔야 한다고 말하는 것이 아니라, 그분의 자비를 청한 것입니다. 그리스어 단어인 '엘레에손 ἐλέησον'은 '자비로운 행위'를 뜻합니다. 그들은 예수님이 자신들을 가엾게 여기고 선행을 베풀어 주시기를 청했습니다.

이 이야기에 나오는 예수님의 치유 방식은 우리에게 신기하기만 합니다. 그분은 그들을 보시고, "가서 사제들에게 너희 몸을 보여라."(루카 17,14) 하고 이르셨습니다. 병자들을 바라보시는 예수님의 눈길은 외형적인 응시였을 뿐만 아니라, 그들을 받아들이고 존중하시는 내적인 응시이기도 했습니다. 곧이어 예수님은 사제들에게 가라고 병자들에게 이르셨습니다. 우리는 이 말씀에서, 나병 환자들이 다시 깨끗해졌다는 사제들의 선언으로 공동체 안에 다시 받아들여지게 될 것이라는 희망을 엿볼 수 있습니다.

예수님은 그들에게 치유를 약속하지 않으셨습니다. 대신 그들에게 통상적인 방법을 알려 주셨습니다. 오늘날로 말하자면, 심리 치료사나 영성 상담가가 내담자의 병세가 아직 그대로인지 여부를 검사하도록 그를 의사에게 보내는 것과 마찬가지입니다. 예수님은 그들에게 건강해지는 비법을 알려 주신 것이 아니었습니다. 그렇다고 그들에게 어려운 과제를 내주신 것도 아니었지요. 그분은 그들이 살아야 할 일상에 관해 주의를 환기시키셨습니다. 그 열 명의 나병 환자들은 사제들에게 가는 도중에 모두 깨끗해졌고, 다시 건강해진 것을 느꼈습니다.

그런데 열 명의 나병 환자들 가운데 아홉 명은 자신이 나은 것을 당연하게 여겼던 듯합니다. 그중에 오직 한 사람만이 달랐고, 자신의 도리를 다했지요. 그는 자신이 나은 것을 보았습니다. 성경의 그리스어 원문은 이 구절에서 "예수님이 그를 바라보셨다."라고 표현할 때와 같은 동사를 사용합니다. 이제 그는 예수님의 눈으로, 곧 사랑의 눈으로 자신을 바라보았습니다. 그때 그는 자기가 깨끗해졌을 뿐만 아니라 치유되었음을 깨달았습니다. 그는 자신이 앓던 병에서, 자기 거부라는 깊은 나락에서, 수치심이라는 상처에서 해방되었습니다. 그는 하느님을 찬양하며 돌아왔고, 예수님의 발 앞에 엎드려 감사를 드렸습니다.

예수님은 하느님께 영광을 드리는 일을 소홀히 한 다른 아홉 명의 나병 환자들에 관해 물으셨습니다. 그들은 자신들의 힘으로 깨끗해졌다고 믿은 것이었지요. 그러나 하느님은 일상적인 삶에서 우리에게 비범한 일을 행하신다는 것과, 그분은 우리가 깨끗해지고 치유되며 온전해지도록 기적을 일으키신다는 것을 믿을 때 영성적인 길의 신비를 발견할 수 있습니다.

게다가 치유 기적에 대해 예수님께 감사드렸던 유일한 나병 환자는 유대인들이 업신여겼던 사마리아 사람이었습니다. 이는 우리가 경건하지 않다고 여기는 많은 사람들이 때로는 하느님이 행하시는 일을 더 민감하게 느낄 수 있다는 본보기가 됩니다.

예수님은 이제 사마리아 사람에게 "네 믿음이 너를 구원하였다."(루카 17,19)라고 말씀하십니다. 루카 복음사가가 나병 환자의 치유를 묘사하는 데 사용한, 치유를 뜻하는 그리스어 '이아오마이$i\acute{a}o\mu\alpha\iota$'는 '돕다', '온전하게 만들다'라는 의미도 지닙니다. 나병 환자는 자신의 실제와 자신에 관한 관념 사이에서 이리저리 찢겨져 있던 상태였는데, 그런 그를 예수님은 온전하고 건강하게 만드셨습니다. 나병 환자는 스스로를 치유할 수 없기 때문에 예수님이 그를 도우신 것이지요. 그분은 관념과 실제를 연결 짓고, 자신을 받아들이지 못하는 그의 마음 뒤에 숨겨진 깊은 상처를 치유하셨습니다.

예수님이 그를 구원하신 것입니다. '구원하다'라는 뜻의 그리스어 '소조$\sigma\omega\zeta\omega$'는 '보존하다', '보호하다'라는 의미도 지닙니다. '소조'는 위협을 받는 사람을 위험한 공간에서 구해 내어 안전한 곳으로 이끄는 것을 의미하지요. 예수님은 나병 환자를 자기 소외의 위험으로부터 해방시키시고, 그에게 치유와 보호의 공간을 제공하셨습니다. 그리고 그 공간을 '믿음'이라고 부르셨습니다. 예수님은 그에게 이렇게 말씀하고 계신 것이지요. "네 믿음이 너를 구원하였다. 네가 받아들여졌음을 인식함으로써, 네 믿음은 네게 신뢰의 공간이 되었다."

이 치유 이야기를 예수님의 치유 방식이라는 측면에서 살펴본다면, 예수님은 율법과 종교가 규정한 길로 나병 환자들을 내보내셨다고 말할 수 있습니다. 영성 상담가는 내담자에게 비상한 조언을 해 주는 것이 아니라, 내담자가 자신의 종교와 신앙 전통에 따라 일상을 살아가도록 격려합니다. 내담자는 평소와 같은 아침 기도와 저녁 기도를 바치면 됩니다. 그 이상의 어떤 유별난 일을 할 필요가 없습니다. 그러나 이 단순한 일상에 변화가 일어난다면, 그에 대해 하느님께 감사드려야 합니다.

위의 치유 이야기는 루카 복음서에서 바로 앞에 나온 비유 '겸손하게 섬겨라'(루카 17,7-10 참조)에 관한 뜻을 밝혀 줍니다. 예수님은 이 비유를 통해 영성이란 어떤 유별난 일을 행함으로써가 아니라, 매 순간 우리 자신과 하느님과 이웃에게 해야 할 일을 수행함으로써 형성된다는 것을 말씀하시는 것입니다.

영성은 다음 일을, 곧 일상적인 일을 수행하는 것을 의미합니다. 예수님의 이 비유는 '도道는 일상적인 것'이라는 도교의 지혜와도 서로 통합니다. 위의 치유 이야기가 우리에게 이야기하는 바와 같이, 우리는 일상적인 길에서 건강해지고, 깨끗해지며, 다시 정상으로 돌아오고, 모든 일이 뜻대로 잘될 것입니다.

우리는 감사하는 마음으로 일상적인 일을 행해야 합니다. 우리는 오로지 감사 안에서만 변화와 치유의 기적을 알아차릴 수 있습니다. 우리에게 감사하는 마음이 없다면, 우리는 자기 자신에게 만족하지 못하고, 순수하지 못하며, 무언가 잘못되었다고 느끼던 예전의 생활 방식으로 되돌아가게 됩니다. 감사하는 마음으로 일상적인 일들을 수행하는 가운데 내적인 변화를 알아차리는 것이 우리가 치유되는 길이라고 예수님은 말씀하십니다.

'마귀들과 돼지 떼' (마르 5,1-20)
: 내적인 분열의 치유

게라사 지방의 마귀 들린 사람도 예수님께 달려갔습니다. 이 이야기에서 그가 예수님께 달려간다는 것은 그의 내적인 분열을 나타냅니다. 그는 예수님 앞에서 엎드려 절하며 큰 소리로 외쳤습니다.

"지극히 높으신 하느님의 아들 예수님, 당신께서 저와 무슨 상관이 있습니까? 하느님의 이름으로 당신께 말합니다. 저를 괴롭히지 말아 주십시오." (마르 5,7)

마귀들의 특성 가운데 하나는 사람을 이리저리 잡아당겨서 내적인 분열을 일으킨다는 것입니다. 이 이야기 속의 마귀 들린 사람은 동굴 무덤에서 살았습니다. 사람들과 떨어져 산 것입니다. 그런데 그는 끊임없이 소리를 질러 댔습니다. 이는 사람들과 관계 맺기를 바란 것을 뜻합니다. 사람들은 그를 묶어 두려고 했지만, 그는 엄청난 힘으로 쇠사슬을 끊어 버리곤 했습니다. 그는 자유를 바랐던 것이지요. 다른 한편으로 그는 돌로 제 몸을 치곤 했는데, 자기 자신을 공격한 것입니다.

이처럼 내적인 분열 상태에 있던 그가 예수님을 찾아왔습니다. 그런데 그는 낫기를 바랐다가, 곧 마음을 바꿔 버렸습니다. 치유가 그에게 고통을 가져올까 봐 두려웠던 것입니다. 이처럼 서로 상반된 마음들이 그를 사로잡고 있었습니다.

오늘날 우리는 이런 성격을 '경계선 성격 장애' 또는 '다중 인격'이라 부릅니다. 마귀 들린 사람은 자기가 본래 누구인지 알지 못했습니다. 이러한 정체성 상실의 이면에는 내적인 혼돈이나 자신의 잘못에 대한 두려움이 자리 잡은 경우가 자주 있습니다. 예수님은 마귀 들린 사람의 내적인 분열을 알아차리시고 그에게 물으셨습니다.

"네 이름이 무엇이냐?' …… 그가 '제 이름은 군대입니다. 저희 수가 많기 때문입니다.' 하고 대답하였다." (마르 5,9)

그의 대답에서 내적인 분열이 분명하게 드러납니다. 그는 먼저 단수 형태로 대답했습니다. "제 이름은 군대입니다." 그런데 이어서 복수 형태로 말합니다. "저희 수가 많기 때문입니다." 그의 내부에는 많은 인격이 공존하고 있습니다. 이를 성경의 언어로 표현하면 이러한 의미입니다. "저희는 이 사람 안에 거처하고 있는 수많은 마귀들입니다."

예수님은 그의 이름과 정체를 물으심으로써, 그가 자기 자신을 만나게 하셨습니다. 이렇게 해서 그는 자신을 내적으로 갈라놓았던 마귀들에게서 벗어날 수 있었습니다. 그는 자신의 정체성을 되찾았고, 그로써 내적인 분열도 치유되었지요.

마귀들은 예수님이 자기들을 쫓아내지 말고 돼지 떼 속으로 들어가는 것을 허락해 주시기를 청했습니다.

"예수님께서 허락하시니 더러운 영들이 나와 돼지들 속으로 들어갔다. 그러자 이천 마리쯤 되는 돼지 떼가 호수를 향해 비탈을 내리 달려, 호수에 빠져 죽고 말았다." (마르 5,13)

예수님의 이러한 조치를 여전히 이해하기 어렵다고 여기는 주석학자도 많습니다. 오늘날 이것을 심리 치료의 관점에서 본다면 '예수님은 내담자가 자기 안에 있는 악령을 발산하고 표현하도록 허락하셨다.'라고 말할 수 있습니다. 이러한 표현은 역할극을 통해서도 이루어질 수 있는데, 이때 내담자는 자신의 매우 다양한 내적인 모습들을 보여 줄 수 있습니다. 또한 자신의 내적인 모습들을 그림으로 표현할 수도 있습니다.

마귀들은 이성으로는 쉽게 해체되지 않는 세력입니다. 마귀들에게는 형상이 필요하며, 마귀들이 사라지려면 그것들이 어떤 것 안으로 들어가야만 합니다. 이 치유 이야기에서는 유대인들이 불결한 짐승으로 여기던 돼지가 그 형상으로 쓰였습니다.

돼지는 또한 내담자의 성적인 환상을 상징하는 것이기도 합니다. 지금까지 내담자는 성적인 환상을 억압해 왔기 때문에, 환상이 그를 내적으로 포박하고 이리저리 잡아끌었습니다. 그 환상을 평가하지 않고 경청만 하는 심리 치료사 앞에서 이제 내담자는 그것을 말로 표현하고 상세하게 이야기할 수 있도록 용기를 내야 합니다. 또는 이러한 성적인 환상을 그림으로 표현할 수 있어야 합니다.

그럴 때 내담자는 그 환상을 정면으로 바라볼 수 있고, 자신이 원한다면 그 환상을 지워 버릴 수도 있습니다. 사람을 지속적으로 지배하는 모든 것은 겉으로 표현되어야 하며, 그럼으로써 해소될 수 있는 것이지요. 이러한 내적인 오물들에 경건함이란 반창고를 붙여서는 안 됩니다. 그럴 경우 그 오물은 계속해서 영혼에 영향을 끼치고, 급기야 영혼을 집어삼킵니다. 그렇게 되면 영혼은 경건하고 순종적인 인격과, 야만적이고 자제력 없는 인격, 파괴적이며 다른 사람을 괴롭히기 좋아하거나 심지어 괴롭힘당하는 것을 좋아하는 호색적 인격까지 여러 가지 인격으로 갈라지게 됩니다.

마귀 들린 사람의 치유는, 마귀들이 돼지들 속으로 들어감으로써 이루어졌습니다. 마르코 복음사가는 치유된 그가 "옷을 입고 제정신으로 앉아"(마르 5,15) 있었다고 묘사했습니다. 그의 복장은 그가 다시 온전해졌다는 것을 드러냅니다. 그는 다시 올바르게 생각할 수 있게 되었고, 제정신을 되찾았으며, 더 이상 이리저리 끌려다니지 않게 되었습니다. 치유된 사람은 예수님께 같이 있게 해 달라고 청하였습니다.

"그러나 예수님께서는 허락하지 않으시고 그에게 말씀하셨다. '집으로 가족들에게 돌아가, 주님께서 너에게 해 주신 일과 자비를 베풀어 주신 일을 모두 알려라.'"(마르 5,19)

예수님은 치유된 이에게 도움이 되는 분이셨습니다. 그분은 그의 분열된 모습을 두려워하지 않으셨습니다. 그런 까닭에 그는 예수님 곁에 머물기를 바랐던 것일 테지만, 예수님은 그를 가족에게 돌려보내셨습니다. 지속적인 친밀함은 그를 예수님께 얽매이게 하고 의존적으로 만들기 때문입니다. 그가 스스로 자기 삶을 책임지고, 자신의 변화와 치유를 이야기하게 만드는 것 또한 치유하는 일에 속하는 것이지요. 병자는 예수님을 찾아갔지만 건강해진 이후에는 다시 그분 곁을 떠남으로써, 비로소 그의 치유가 마무리되었습니다.

상담에도 시작과 끝이 있습니다. 떠남은 언제나 아픈 법인데, 상담 중에 친밀함이 싹텄기 때문입니다. 그러나 상담자를 떠나 자신의 고유한 삶을 사는 것이 내담자에게는 더 유익한 일입니다.

자신의 참된 정체성을 찾아 나선 여정에서 우리는 자기 안에 있는 매우 다양한 모습과 개성들을 만납니다. 우리 영혼이 지닌 이러한 모습들은 보여지고 거론됨으로써 그 가치를 인정받게 됩니다. 오로지 그런 경우에만 영혼이 변화할 수 있으며, 우리의 모든 내적인 분열 상태도 일치에 이르게 될 것입니다. 우리 영혼의 심연과 혼돈을 두려워하지 않는 사람과의 만남은, 우리가 자기 자신을 만나는 일에 도움을 줍니다. 그러나 마지막 발걸음은 우리 스스로 내디뎌야 합니다. 어떤 심리 치료사나 영성 상담가도 마지막 발걸음을 대신할 수는 없습니다.

'예리코에서 눈먼 이를 고치시다' (마르 10,46-52)
: 스스로를 책임지게 만드는 치유

바르티매오라는 눈먼 거지는 예수님 앞으로 나아가는 또 다른 모습을 보여 줍니다. 그는 예수님이 많은 군중과 더불어 예리코를 떠나신다는 소식을 들었습니다. 그러자 그는 큰 소리로 외치기 시작했습니다. "다윗의 자손 예수님, 저에게 자비를 베풀어 주십시오." (마르 10,47)

맹인이었던 그는 예수님의 눈에 띄기 위해서 크게 외치는 것밖에는 다른 방도가 없었습니다. 예수님 가까이에 있던 많은 사람들이 화가 나서 그에게 잠자코 있으라고 꾸짖었지만, 그는 더욱 큰 소리로 외쳐 댔습니다. 그러자 놀라운 일이 벌어졌습니다.

"예수님께서 걸음을 멈추시고, '그를 불러오너라.' 하셨다. 사람들이 그를 부르며, '용기를 내어 일어나게. 예수님께서 당신을 부르시네.' 하고 말하였다. 그는 겉옷을 벗어 던지고 벌떡 일어나 예수님께 갔다." (마르 10,49-50)

바르티매오는 큰 소리로 외침으로써, 예수님이 치유해 주시기를 바라는 자신의 소망을 표현했습니다. 예수님은 그의 행동에 관심을 보이셨고, 당신께 가까이 오도록 그를 초대하셨습니다. 우리는 예수님의 초대에 응하는 바르티매오의 행동을 세 단계로 나눠 볼 수 있습니다.

먼저 그는 겉옷을 벗어 던졌습니다. 자신을 보호해 주던 겉옷을 내려놓고, 자신을 숨겨 온 가면을 벗은 것입니다. 그는 곤궁하고 의지할 곳 없는 자신의 모습 그대로 예수님께 가고자 했습니다.

다음 단계로, 그는 벌떡 일어났습니다. 그는 예수님의 초대에 감격하여 자신의 온 힘을 예수님과의 만남에 쏟아부은 것입니다.

마지막 단계로, 그는 예수님께 달려갔습니다. 그럼으로써 예수님을 만나고 그분의 도움을 체험하는 감격을 누리게 되었습니다. 예수님이 그에게 물으셨습니다. "내가 너에게 무엇을 해 주기를 바라느냐?"(마르 10,51)

예수님은 그저 바르티매오의 눈만 뜨게 해 주시려는 것이 아니었습니다. 그분은 먼저 그와 만나고자 하셨습니다. 이 질문을 통해 예수님은 바르티매오가 스스로 자신에 관해 이야기하도록 유도하셨고, 그의 뜻을 말하도록 이끄셨습니다. "내가 너에게 무엇을 해 주기를 바라느냐?" 이 질문을 통해 바르티매오는 자기 자신과 자신의 깊은 갈망을 들여다보게 되었습니다.

예수님은 이 질문을 하심으로써 오늘날 널리 쓰이는 심리 치료 방법을 앞서 사용하신 것입니다. 심리 치료사는 내담자에게 이렇게 묻고 합니다. "제게 원하는 것이 무엇인가요? 제게 무엇 때문에 오셨지요? 제게 무엇을 얻고자 하시나요? 제게 어떤 바람을 갖고 계신지요?"

이러한 질문들은 내담자가 상담의 중심에 서게 합니다. 내담자 자신도 치료에서 일정 부분을 책임지게 되는 것이지요. 그와 동시에 치료를 위한 관계도 분명해집니다. 내담자는 그저 생각 없이 이야기를 시작하지 않게 되며, 상담자는 대화가 나아갈 방향에 맞게 명료한 대화가 진행되도록 이끌게 됩니다. 그리고 심리 치료사나 영성 상담가의 임무도 명확히 정해집니다.

예수님의 질문에 바르티매오는 "스승님, 제가 다시 볼 수 있게 해 주십시오."(마르 10,51)라고 대답했습니다. 이 구절에서는 그리스어 동사 '아나블레포 $\dot{\alpha}\nu\alpha\beta\lambda\acute{\epsilon}\psi\omega$'가 쓰였습니다. 바르티매오는 자신이 다시 우러러볼 수 있게 되기를 예수님께 청한 것입니다.

'우러러본다'는 것은 외적으로 보는 것뿐만 아니라, 하늘과 하느님을 올려다보는 것을 의미합니다. 그것은 시선을 위로 향해 바라보는 것이고, 사람들에게서 하느님을 발견하는 바라봄입니다. 또한 희망에 가득 찬 마음으로 바라보는 것이지요. 사람들은 때때로 자신의 진실 앞에서 눈을 감아 버리는데, 그 진실이 받아들이기에는 너무 겁이 나거나 너무 무겁기 때문입니다. '우러러본다'는 것은, 더 넓은 시각으로 자신의 진실을 인식할 때에만 자신이 그 진실을 바라볼 수 있다는 것을 알려줍니다. 그리고 진실과 더불어 하늘을 인식해야 하는데, 하늘은 자신과 자신의 어두운 진실 위에서 열림으로써 진실이 새로운 빛 속에서 드러나게 합니다.

치유는 "가거라. 네 믿음이 너를 구원하였다."(마르 10,52)라는 예수님의 간단한 말씀을 통해 이루어졌습니다. 이 구절에서는 그리스어 동사 '세소켄$\sigma\acute{\epsilon}\sigma\omega\kappa\acute{\epsilon}\nu$'이 쓰였는데, 이 단어는 '낫게 했다', '구했다', '보호했다'는 의미입니다. 예수님은 병자에게 어떤 특정한 행동을 취하지 않으셨으며, 병자가 자신의 길을 걷도록 보내셨습니다. 병자를 치유한 것은 예수님이 아니라, 병자 자신의 믿음인 것이지요.

예수님은 병자에게 신뢰를 일깨우셨습니다. 이와 마찬가지로 내담자가 심리 치료사나 영성 상담가를 신뢰할 때 치유가 이루어질 수 있습니다. 의사가 치유하는 것이 아니라, 내담자가 자신을 신뢰할 때 자신의 영혼에 있는 치유력을 만나게 되는 것입니다.

이처럼 우리는 언제나 자신의 치유에 관여합니다. 그래서 우리에게는 다른 이들과의 대화니 민남이 필요합니다. 그런네 그것과 더불어 우리는 자신에게 있는 것들을 신뢰해야 합니다. 우리의 영혼은 궁극적으로 자신에게 무엇이 유익한지 알고 있습니다. 우리가 우리의 영혼과, 영혼에 있는 치유력을 인식할 때 우리는 용기를 내어 하늘을 우러러보게 됩니다. 그럴 때 우리는 자기 자신도 다시 새롭게 볼 수 있게 됩니다.

타인의 도움으로
치유된 사람들

　　사제와 수도자가 자신의 의지가 아니라, 지위가 높은 어른이나 장상의 뜻에 따라 뮌스터슈바르차흐 대수도원에 있는 교육관 '레콜렉시오 하우스'를 찾는 경우가 종종 있습니다. 그중에 어떤 이들은 자신의 문제를 대면하고 다시 건강해지기 위한 3개월의 시간을 투자할 용기를 스스로 내지 못했다고 말하기도 했습니다. 또한 그들 가운데에는 자신에게 도움이 필요하다는 사실조차 깨닫지 못한 사람들도 더러 있었습니다. 그런 사람들과는 상담하기가 쉽지 않았고, 대다수는 그곳에 보내졌다는 사실에 흥분하고는 했습니다. 그러나 시간이 흐를수록 그들은 그곳에서 보내는 시간이 자신을 위해 무엇인가를 할 수 있는 기회라고 받아들이게 되었습니다.

복음서에도 다른 사람들에 의해 예수님께 실려 온 병자들의 이야기들이 있는데, 위에 나온 상황들과 비슷한 경우라고 볼 수 있겠지요.

'중풍 병자를 고치시다' (마르 2,1-12; 루카 5,17-26)
: 삶에 관한 의식을 바꾸어 두려움을 극복하기

중풍 병자의 치유 이야기는 사람들이 떠들썩하게 병자를 데려온 것에서 시작합니다.

마르코 복음사가가 전하는 바에 따르면, 네 사람이 중풍 병자를 들것에 싣고 예수님께 데려왔습니다. 그런데 그들은 군중을 뚫고 나아갈 수가 없었기 때문에, 지붕 위로 올라가서 지붕에 구멍을 뚫고 예수님께 병자를 내려보냈습니다. 그들은 큰 수고를 아끼지 않았던 것이지요.

루카 복음사가는 이 장면을 기와가 있는 집에서 일어난 일로 묘사했습니다. 사람들이 기와를 벗겨 내고 중풍 병자를 아래로 내려보냈습니다. 마르코와 루카 복음서 모두, 예수님이 이 네 사람의 믿음을 보시고 중풍 병자의 죄를 용서해 주셨다고 전합니다. 반면에 중풍 병자는 수동적인 모습을 보였으며, 그의 열망은 언급되지 않았습니다.

예수님은 병자를 당신에게 데려온 이들의 믿음에 반응을 보이셨습니다. 그들은 예수님이 중풍 병자를 고쳐 주실 것을 굳게 믿었지만, 병자의 죄가 용서를 받으리라고는 생각하지도 못했습니다. 그런데 예수님은 중풍 병자에게 중요한 것은 병의 치유만이 아님을 간파하셨습니다. 마비는 때때로 두려움과 관련이 있으며, 두려움은 근본적인 생각이 잘못되었음을 암시합니다. 중풍 병자는 자신의 근본적인 생각을 바꿔야 했던 것이지요. 그는 삶에 관한 의식을 바꿔야 했습니다.

'죄'를 뜻하는 그리스어 '하마르티아*ἁμαρτία*'는 '목표물을 빗나감', '자신을 비껴간 삶'을 의미합니다. 오로지 자신이 확실하고 결점 없이 완벽할 때에만 일어나서 자신의 길을 가려는 사람들이 많고, 그러한 생각으로 인해 경직된 모습을 보이는 사람들이 많습니다. 그들은 자기 자신과 자신의 삶에 관한 그릇된 의식 때문에, 사람이라는 자신의 실제에서 비껴간 삶을 살고 있는 것입니다.

사람은 늘 약하고 불완전한 존재입니다. 우리는 그 점을 부인해서는 안 됩니다. 우리가 생활 태도와 관점을 바꾸기로 결심할 때에만, 비로소 신체저 증상들도 나을 수 있습니다. 따라서 심리 치료는 결코 신체적 증상의 즉각적인 치유를 목표로 삼지 않습니다. 신체적 증상은 마음속 깊은 곳에 자리 잡은 그릇된 견해를 나타내기 때문이지요.

무엇보다 올바른 관점을 확립하는 일이 중요하고, 증상을 다루는 일은 그 이후에나 가능합니다. 예수님은 의학에서 정신과 신체의 관련성에 관해 연구하기 훨씬 이전에 이미 이 사실을 알고 계셨습니다. 그런 까닭에 그분은 먼저 중풍 병자의 죄를 용서하셨습니다. 그러고 나서 요한 복음서의 '벳자타 못가에서 병자를 고치시다'(요한 5,1-18 참조) 부분에서 하신 것과 비슷한 내용의 말씀을 하셨습니다. "일어나 들것을 들고 집으로 돌아가거라."(마르 2,11)

중풍 병자는 망설이거나, 떨거나, 진땀을 흘리거나, 또 다른 장애에 가로막히지 않고, 늘 완벽하고 강해야 한다는 생각에서 벗어났습니다. 그리하여 그는 이제 일어나 자신의 마비 상태를 상징했던 들것을 들고 자기 집으로 돌아갈 수 있게 되었습니다. 그는 이제 자기 집에 머물면서, 다른 사람에게 무엇인가를 보여 줘야 한다는 강박 없이 온전히 자기 자신의 모습으로 존재할 것입니다. 다른 사람에게 잘 보여야 한다는 강박이야말로 그에게 마비를 일으켰던 원인이었기 때문에, 그가 본래 자신의 모습으로 집에 머물게 될 때, 이러한 강박은 수그러들게 됩니다.

이와 마찬가지로 우리도 두려움을 느낄 때, 이 중풍 병자처럼 누군가가 우리를 치료하여 두려움을 없애 주기를 기대합니다. 그러나 예수님은 우리 자신을 들여다보라고 말씀하십니다. 우리는 두려움과 대화를 시작해야 하고, 그 두려움이 병을 만드는 어떤 근본적인 원인을 암시하고 있는 것은 아닌지 자문해야 합니다. 우리가 스스로 자신의 두려움의 근거를 물을 때 비로소 두려움이 줄어들 것입니다. 자신을 보다 객관적으로 평가할 때, 늘 완벽하고 자신감이 있어야 한다는 환상에서 벗어날 때, 우리는 일어나 자신의 길을 갈 수 있습니다.

'귀먹고 말 더듬는 이를 고치시다' (마르 7,31-37)
: 듣고 말하는 훈련하기

예수님이 도보 여행에서 돌아오셨을 때 사람들이 귀먹고 말 더듬는 이를 그분께 데리고 와서, 그에게 손을 얹어 주시기를 청했습니다. 중풍 병자는 혼자 힘으로는 예수님께 올 수 없었습니다. 귀먹고 말 더듬는 이는 예수님께 다가올 수 있었지만, 자신의 청원을 말로 표현할 수는 없었습니다. 그래서 사람들이 그를 대신해 청해 주었습니다. 사람들은 예수님이 그를 고쳐 주시기를 청한 것이 아니라, 그에게 손을 얹어 주시기를, 다시 말해 그분이 그를 위해 기도해 주시어 그가 그분의 힘을 받게 되기를 청했습니다. 그러나 예수님은 귀먹고 말 더듬는 이를 데려온 사람들이 청하는 대로 행동하지 않으셨습니다.

그분은 짧은 기도를 통해 병자를 고쳐 주시려고 손을 얹지는 않으셨습니다. 오히려 그분은 그를 군중에게서 떨어진 한옆으로 데리고 가셨습니다. 병자를 데려왔던 사람들로부터 떼어 놓으신 것입니다. 그분은 보호된 공간에 병자와 단 둘이 계심으로써, 그에게 특별 대우를 해 주셨습니다. 오로지 둘만의 관계에서 깊은 신뢰가 싹텄으며, 입과 귀가 닫힌 사람은 깊은 신뢰를 쌓음으로써 자신을 과감하게 열어야겠다고 생각하게 되었을 것입니다. 상담을 하러 온 내담자에게 우선 자신에 관한 이야기가 어느 누구에게도 새어 나가지 않는다는 확신이 필요한 것처럼 말이지요.

이처럼 비밀이 보장된 공간에서 이제 치유의 과정이 일어납니다. 그러나 이 과정에는 오랜 시간이 필요합니다. 병자를 데려온 이들이 기대했던 것과 같은 신속한 치유는 일어나지 않습니다. 마르코 복음서에서는 귀먹고 말 더듬는 이의 치유 과정이 다섯 단계로 묘사됩니다.

'2'란 숫자는 여성성을, '3'이란 숫자는 남성성을 상징하고, '5'라는 숫자는 남자와 여자의 합일을 상징합니다. 또한 '5'는 하느님께 속하는 영역으로 넘어감을 뜻하는 숫자이기도 합니다.

다섯 번째 단계는 오로지 하느님의 은총을 통해서만 도달할 수 있는, 하느님께 속하는 영역으로 넘어간다는 의미입니다. '5'라는 숫자의 비밀을 예수님의 다섯 가지 치유 단계와 연관 짓는다면, '예수님은 귀먹고 말 더듬는 이가 다른 사람과 만날 수 있도록, 그리고 하느님과 만날 수 있도록 귀와 입을 열어 놓으셨다.'라고 말할 수 있습니다.

예수님은 신뢰의 공간에서 귀먹고 말 더듬는 이에게 '듣거나 말할 때 본래 중요한 것은 무엇인지'를 알려 주셨습니다.

첫 번째 단계로, 그분은 귀먹고 말 더듬는 이의 두 귀 속에 손가락을 집어넣으셨습니다. 말하자면, 그분은 그에게 이렇게 말씀하신 것이지요. "네가 듣는 모든 말들은 궁극적으로 너와 관계를 맺고자 하는 말들이다. 너는 부정적이고 비판적이며 거절하는 말을 들을까 두려운 마음에 네 귀를 닫을 필요는 없단다. 시끄러운 말들에도 관계를 열망하는 마음이 숨어 있지. 모든 말에서 이러한 열망을 알아듣도록 해라."

두 번째 단계로, 예수님은 손가락에 침을 발라 말 더듬는 이의 혀에 갖다 대셨습니다. 이는 엄마들이 하는 행위입니다. 엄마는 아이의 상처에 침을 바르고는 "금방 나을 거야."라고 말하지요. 고대 사람들은 침에 치유 효과가 있다고 믿었습니다. 우리는 이 구절을 보고, '예수님이 모성적인 분위기를 만드셨구나. 나는 내 모습 그대로 있어도 되고, 평가도 받지 않는다.'라고 생각할 수 있습니다. 자신의 말이 평가를 받지 않는다고 느낄 때에만 내담자는 자신에 관해 진지하게 이야기할 수 있습니다. 자신의 행동과 말, 생각 등이 비난받는다고 느끼면, 즉시 마음의 문을 닫기 때문이지요. 그렇게 되면 상담은 공허한 것이 되고 맙니다. 예수님은 귀먹고 말 더듬는 이에게 엄마처럼 정겨운 모습을 보여 주셨습니다. 우리는 그분의 몸짓이, 귀먹고 말 더듬는 이에게 당신의 애정 어린 친밀함을 선사하신 입맞춤이라고 여길 수 있지요.

치유의 세 번째 단계로, 예수님은 하늘을 우러러보셨습니다. 이 행동은 여러 가지로 해석될 수 있습니다. 예수님은 유익한 대화가 이루어질 때마다 사람들 위에서 하늘이 열린다는 것을 병자에게 보여 주셨습니다. 사람들은 서로에게 감동을 줄 뿐만 아니라, 자신들 위에서 빛을 발하고, 서로가 하나 되게 하는, 말로 표현할 수 없는 신비를 가진 하늘에 관해 이야기합니다. 하늘을 우러러본다는 것은, 결국 치유하는 이는 상담자가 아니라 하느님이심을 의미하는 것이지요.

이 구절에서는 '우러러보다'라는 뜻을 지닌 그리스어 동사 '아나블레포'가 다시 쓰였습니다. 우리는 '예수님이 하늘을 우러러보셨습니다.'라고 말할 수 있을 것입니다. 그분은 병자 안에서 하늘을 보셨고, 하늘은 병자 안에 있었습니다. 그분은 병자에게서 손상된 모습뿐만 아니라, 하늘과 하느님을 향해 열려 있는 모습도 함께 보셨습니다. 예수님이 병자 안에서 하늘을 보셨기 때문에, 병자는 자기 안에 하늘이 있음을, 곧 자기 안에 하느님이 거처하시고 사람들이 내뱉는 상처가 되는 말은 들어올 수 없는 고요함의 공간이 있음을 믿을 수 있게 되었습니다.

네 번째 단계로, 예수님은 한숨을 내쉬셨습니다. 예수님은 내담자를 그저 의뢰인으로만 대하신 것이 아니었습니다. 그분은 그에게 마음을 여셨고, 감정적으로도 그를 위해 온 힘을 기울이셨습니다. 귀먹고 말 더듬는 이는 지금까지 감정을 표현할 수 없있는데, 예수님은 그를 대신해 그가 억누르고 있던 감정을 표현하신 것입니다.

이는 영성 상담이나 심리 치료에서도 중요한 단계입니다. 내담자들은 자신의 감정을 표현하지 못하는 경우가 종종 있는데, 그럴 때 상담자는 내담자가 억누르고 있는 감정을 대신 품고 반응하기도 합니다.

저는 겉으로는 매우 친절한 어떤 사제를 상담했던 적이 있습니다. 그런데 한 시간의 상담이 끝날 무렵이면 저는 늘 공격적인 마음으로 가득 차게 되었습니다. 처음에는 그 원인을 저에게서 찾았습니다. 그런데 '레콜렉시오 하우스'의 영성 상담 팀도 저와 비슷한 반응을 보였습니다. 내담자였던 사제는, 사실 친절한 얼굴 뒤에 수동적인 공격성을 지니고 있었기 때문에, 상담자에게 그 감정이 전해진 것이었습니다.

이러한 수동적 공격성은 상담자가 그것을 넘겨받아 표현하기에, 상담 중에 드러나기 마련입니다. 때때로 저는 상담 중에 피곤을 느꼈는데, 그럴 때마다 '내가 잠을 충분히 자지 못했나?' 하고 먼저 확인하곤 했습니다. 그러나 내담자가 진정으로 자신을 움직였던 것에 대해 이야기하지 않고 주제에서 벗어난 이야기를 할 때, 제가 피곤을 느낀다는 것을 곧 알게 되었지요.

한 여성 심리 치료사는, 상담 초기에 오로지 자신의 일과 성과만을 이야기하던 어떤 여성 내담자와의 대화 중에 깊은 슬픔을 느낀 적이 있다고 제게 말했습니다. 그녀가 그 내담자에게 자신의 감정을 이야기하자, 내담자는 갑자기 울음을 터뜨렸다고 합니다. 내담자의 억눌린 슬픔이 그때 표출된 것입니다. 만약 심리 치료사가 자신의 감정을 말하지 않았더라면, 상담은 계속해서 피상적으로만 진행되었을 것입니다. 예수님이 그리하셨던 것처럼 심리 치료사도 자신이 느꼈던 감정을 표현했기 때문에, 그녀는 내담자가 자신의 진실된 감정을 이야기하도록 고무시킬 수 있었습니다.

이처럼 상담 중에 우리가 느끼는 감정은 내담자의 억눌린 감정을 알려 주는 중요한 정보가 되기도 합니다. 그러므로 상담자가 느끼는 감정을 표현하는 일은 매우 중요합니다. 상담자는 내담자가 상담자의 감정을 어떻게 이해하는지, 내담자도 같은 감정을 느끼는지 물어볼 수 있습니다. 상담자가 느끼는 감정은, 내담자가 자신의 감정과 대면하도록 안내합니다.

다섯 번째 단계로 예수님은 "'에파타!' 곧 '열려라!'"(마르 7,34)라고 명령하셨습니다. 귀먹고 말 더듬는 이는 신뢰와 모성적 사랑으로 가득 찬 분위기에서 비로소 자신의 입과 귀를 열 수 있습니다. 그런데 그가 입과 귀를 열기 위해서는 반드시 외부의 자극도 필요합니다. 예수님도 당신의 모성적 사랑으로 준비하셨던 일의 물꼬를 트셔야 했습니다.

상담 중에 비밀스럽고 어려운 이야기에 관해 자주 암시하면서도, 그것을 터놓고 말하지 못하는 사람을 만나곤 합니다. 그런 경우에는 때때로 이러한 명령이 필요합니다. "지금이 기회입니다. 당신은 무엇인가를 암시했습니다. 지금 그것을 이야기해 보세요. 그렇지 않으면 그 일을 계속 미루게 될 것입니다."

마르코 복음사가는 귀먹고 말 더듬는 이의 치유에 대해 "그러자 곧바로 그의 귀가 열리고 묶인 혀가 풀려서 말을 제대로 하게 되었다."(마르 7,35)라고 묘사했습니다. 이제 그는 자기 귀에 울리는 말들을 과감히 듣고자 했습니다. 그는 더 이상 거절과 냉혹한 대답을 듣지나 않을까 하고 걱정하지 않았지요. 예수님은, 사람들이 그에게 말을 전하고 싶어 하며, 그는 다른 이들에게 소중한 존재이자 환영받는 대화 상대자임을 일깨워 주셨습니다.

"묶인 혀가 풀렸습니다."라는 말은, 그가 말하지 못했던 근본 원인이 마귀들 때문이었음을 알려 줍니다. 마귀들은 심리적인 차원의 질병을 의미합니다. 귀먹고 말 더듬는 이는 침묵을 강요당했고, 말을 하여 속마음을 털어놓으면 다른 사람에게 웃

음거리가 되지 않을까 걱정하며 입을 다물게 되었습니다. 그가 자신의 내적인 사슬에서 풀려나려면 신뢰가 필요했지요.

이와 같이 제대로 말하고 다른 사람이 하는 말을 제대로 들으려면, 우리에게도 신뢰의 공간이 필요합니다. 우리가 이 신뢰의 공간을 심리 치료사나 영성 상담가에게서 찾을 수 없다면, 우리를 치유하시는 하느님의 친밀함 안에서 우리를 감싸고 보호하는 공간을 찾을 수 있습니다. 또한 그곳에서 우리가 용기를 내어 우리의 닫힌 마음을 서서히 열게 되는 것을 상상해 볼 수 있습니다.

'벳사이다의 눈먼 이를 고치시다' (마르 8,22-26)
: 보는 훈련하기

앞에서 이미 살펴보았던 바르티매오란 맹인은 다른 사람들의 이목을 끌었고, 예수님이 자신에게 관심을 가지시도록 만들었습니다. 또 다른 치유 이야기에서 마르코 복음사가는 사람들이 눈먼 이를 예수님께 데려왔다고 전했습니다. 그들은 예수님이 그에게 손을 대어 주시기를 청했습니다. 그를 데려왔던 사람들은 접촉을 통한 치유를 기대했지만, 눈먼 이가 무엇을 기대했는지는 언급되지 않았습니다.

예수님은 귀먹고 말 더듬는 이를 치유하셨을 때와 비슷한 반응을 보이셨습니다. 그분은 눈먼 이를 데려온 사람들 앞에서 그를 고쳐 주지 않으셨습니다. 이 이야기에서는 일곱 단계에 걸쳐 예수님이 눈먼 이를 치유하신 과정을 살펴볼 수 있습니다. 여기에서 '7'은 '변화'를 상징하는 숫자입니다. 눈먼 이가 다시 제대로 볼 수 있으려면 내적인 변화가 필요했습니다. 그리하여 예수님은 이렇게 말씀하셨습니다.

"그분께서는 그 눈먼 이의 손을 잡아 마을 밖으로 데리고 나가셔서, 그의 두 눈에 침을 바르시고 그에게 손을 얹으신 다음, '무엇이 보이느냐?' 하고 물으셨다."(마르 8,23)

첫 번째 단계는, '눈먼 이의 손을 잡으신 것'입니다. 예수님은 눈먼 이의 손을 잡으셨지만, 그에게 무엇을 원하는지는 묻지 않으셨습니다. 예수님은 주도적으로 행동하셨고, 이는 당신 손으로 눈먼 이와의 관계를 수용한다는 의미를 나타내신 것입니다. 손을 잡으심으로써 눈먼 이에게 신뢰를 전하신 것이지요.

두 번째 단계로, 예수님은 눈먼 이를 마을 밖으로 데리고 나가셨습니다. 마을에서는 사람들이 눈먼 이를 주시하며, 그에 관한 의견을 나누고 있었습니다. 예수님이 눈먼 이를 위한 신뢰의 공간을 마련하신 것인데, 여기에는 다른 누구도 들어올 수 없었습니다. 이곳에서는 눈먼 이와 치유자이신 예수님의 관계만이 중요했습니다. 눈이 멀었다는 것은, 자신에 관한 진실이 너무 잔인하다고 생각하여 그 진실을 바라볼 용기를 잃었음을 의미합니다. 진실을 바라볼 수 있으려면 신뢰와 친밀함의 공간이 필요할 것이며, 눈먼 이가 용기를 내어 자기 눈을 떠 보려고 하기까지는 오랜 시간이 필요할 것입니다.

세 번째 단계로, 예수님은 눈먼 이의 두 눈에 침을 바르셨습니다. 이 행위 또한 눈먼 이에게 신뢰를 전하는 모성적 사랑의 표현이라 할 수 있습니다. 예수님은 그가 남자이기 때문에 남자답게 눈을 뜨고 자신의 진실을 바라봐야 한다고 요구하지 않으셨습니다. 오히려 예수님은 엄마처럼 세심하게 눈먼 이를 대하셨고, 그의 두 눈을 정겹게 만지셨습니다. 그분은 모성적인 분위기를 조성하셨고, 그러한 분위기에서 눈먼 이는 언젠가 두 눈을 뜨게 될 것이었습니다.

네 번째 단계로, 예수님은 눈먼 이에게 손을 얹으셨습니다. 그분은 이 자세로 기도하셨고, 당신의 치유력이 그에게 흘러 들어가게 하셨습니다. 안수는 또한 '보호의 몸짓'이기도 합니다. 안수를 통해 병사에게 유익하고, 그가 보호받을 수 있는 공간이 마련됩니다.

이러한 치유 행위 이후에 다섯 번째 단계로, 예수님은 눈먼 이에게 "무엇이 보이느냐?"(마르 8,23) 하고 물으셨습니다. 그러자 그는 용기를 내었습니다. "그는 앞을 쳐다보며, '사람들이 보입니다. 그런데 걸어 다니는 나무처럼 보입니다.' 하고 대답하였다."(마르 8,24)

그는 용기를 내어 앞을 쳐다보았습니다. 이 구절에서 '우러러보다'를 뜻하는 그리스어 동사 '아나블레포'가 다시 나옵니다. 눈먼 이는 아마 이전까지 땅만 보고 살았을지 모릅니다. 과거에 그가 보는 모든 것은 검게 보였겠지요. 그러나 이제 그는 용기를 내어 앞을 보고, 하늘을 우러러보았습니다. 그는 하느님이 자신을 지켜보신다는 생각에, 용기를 내어 자기 삶을 바라보기 시작한 것입니다.

하지만 그는 아직 사람들을 제대로 보거나 다른 사람의 눈을 들여다보지 못했고, 누군가와의 만남을 감당할 수도 없었습니다. 아직 예수님의 추가적인 치유가 더 필요했습니다.

예수님이 당신의 손가락을 눈먼 이의 귀에 넣은 첫 번째 치유 방식이 기대했던 성과를 가져오지 못했습니다. 눈먼 이가 실제로 모든 것을 있는 그대로 볼 용기를 갖기까지는 오랜 시간이 필요했습니다. 그런 까닭에 예수님은 눈먼 이에게 다시 한 번 손을 얹으셨는데, 이번에는 머리가 아닌 눈에 그렇게 하셨습니다. 이것이 치유의 여섯 번째 단계입니다.

예수님은 치유가 필요한 눈에 직접 손을 대시고, 그곳에 당신의 사랑과 치유력이 흘러들게 하셨습니다. 눈먼 이는 이제 바닥까지 꿰뚫어 볼 수 있게 되었습니다. 그는 모든 것을 뚜렷하게 보고, 자기 자신과 자신의 영혼뿐만 아니라 사물의 내적인 본질까지 들여다보며, 자기 영혼과 사물이 전하는 메시지를 이해할 수 있게 되었습니다. 이때 보는 훈련을 통해 치료가 이루어진 것입니다. 예수님은 자기 자신과 세상의 진실 앞에서 눈을 감아 버렸던 눈먼 이에게 그 진실을 꿰뚫어 보는 것을 가르치셨습니다.

마르코 복음사가는 이를 "모든 것을 뚜렷이 보게 된 것이다."(마르 8,25)라고 묘사했습니다. 눈먼 이는 하느님이 지으셨던 모습 그대로의 사람이 된 것입니다. 과거에는 눈이 멀었기 때문에 그에게서 이러한 본래적인 형상을 찾아볼 수 없었습니다. 예수님은 당신의 몸짓과 치유의 단계들을 통해 눈먼 이에게 보는 것을 가르치셨고, 그가 자신의 진실과 세상의 진실을 마주하도록 그를 고무시키셨습니다.

치유의 일곱 번째 단계는 독특한 방식으로 이루어졌습니다. "예수님께서는 그를 집으로 보내시면서, '저 마을로는 들어가지 마라.' 하고 말씀하셨다." (마르 8,26)

눈먼 이는 예수님과의 만남을 통해 자기 자신에게로 돌아왔습니다. 이제 그는 집에 있어야 하고, 다시 말해 제정신을 지녀야 합니다. 그렇게 함으로써 그는 세상의 현실에 다시 눈을 감지 않게 될 것입니다.

또한 그는 마을을 피해야 합니다. 즉, 그는 다른 이들의 시선을 피해야 하는 것이지요. 그가 자기 집이라는 친숙한 공간에서라도 자기 앞에 나타나는 모든 것을 분명하게 바라볼 용기를 가질 때에야 비로소 마을이라는 세상의 현실에서도 눈을 뜨고 자신의 길을 걸어갈 수 있을 것입니다.

보는 일의 여러 단계들은 우리가 개인적으로 볼 수 있도록 훈련하는 데에도 효과가 있습니다. 우리는 하늘을 우러러보고 하늘을 향해 눈을 뜨는 것을 배워야 합니다. 우리는 하느님이 지켜보신다는 생각에 밑바닥까지 살펴볼 용기를 얻습니다. 하느님은 우리 위에서, 우리 곁에서, 그리고 우리 영혼의 깊은 곳에서 우리와 만나십니다. 그렇게 우리가 하느님을 뵙게 될 때, 자신의 내적인 혼돈을 들여다볼 용기도 얻게 됩니다. 그럴 때 우리는 더 이상 내적인 혼돈과 어둠에 시선을 두지 않고, 우리를 감싸고 있는 하느님의 진리를 바라볼 용기를 갖게 될 것입니다.

'백인대장의 병든 종을 고치시다' (마태 8,5-13; 루카 7,1-10; 요한 4,43-54)
: 멀리 있는 사람이 치유되다

카파르나움의 백인대장에 관한 이야기는 마태오와 루카, 요한 복음사가가 전해 주었습니다. 그러나 이들은 제각기 다른 곳에 주안점을 두었습니다.

마태오 복음서와 요한 복음서에 따르면, 백인대장이(요한 복음서에서는 왕실 관리) 예수님이 오셔서 자기 종(요한 복음서에서는 왕실 관리의 아들)을 낫게 해 달라고 청합니다. 루카 복음서에는 백인대장이 "유다인의 원로들을 그분께 보내어, 와서 자기 노예를 살려 주십사고 청하였다."(루카 7,3)라고 나와 있습니다. 원로들은 백인대장을 위해 나섰습니다. "그는 선생님께서 이 일을 해 주실 만한 사람입니다. 그는 우리 민족을 사랑할 뿐만 아니라 우리에게 회당도 지어 주었습니다."(루카 7,4-5)

마태오 복음서와 루카 복음서에서 백인대장은 자신이 지닌 명령권을 언급합니다. "사실 …… 제 밑으로도 군사들이 있어서, 이 사람에게 가라 하면 가고 저 사람에게 오라 하면 옵니다."(루카 7,8) 그렇게 높은 권력을 가진 그가 예수님에게 이렇게 말씀드립니다. "저는 주님을 제 지붕 아래로 모실 자격이 없습니다. 그래서 제가 주님을 찾아뵙기에도 합당하지 않다고 여겼습니다. 그저 말씀만 하시어 제 종이 낫게 해 주십시오."(루카 7,6-7)

예수님은 백인대장의 믿음에 감탄하시며, 같이 있던 모든 사람들 앞에서 그를 칭찬하셨습니다. 그리고 사람들이 집에 돌아가 보니 종은 이미 건강한 몸이 되어 있었습니다. 마태오 복음서에는 다음과 같이 나와 있습니다. "예수님께서는 백인대장에게 말씀하셨다. '가거라. 네가 믿은 대로 될 것이다.' 바로 그 시간에 종이 나았다."(마태 8,13)

마태오와 루카, 요한 복음서가 공통적으로 이야기하는 점은 바로 '원격 치유'입니다. 예수님은 백인대장의 믿음을 보상해 주셨습니다. 백인대장은 예수님의 말씀을 신뢰했고, 그리하여 그의 종은 건강을 되찾았습니다.

이 이야기에서, 예수님이 궁극적으로 치유하신 사람은 종이 아니라 백인대장입니다. 그분은 백인대장의 믿음을 인정하셨습니다. 그는 예수님을 믿고 그분이 자기 종을 고쳐 주실 수 있으리라 기대했기 때문에 치유를 체험할 수 있었습니다. 예수님은 궁극적으로 병자의 가족들이 가진 믿음을 인정하시고 굳건하게 만드셨습니다. 가족들의 믿음을 통해 병자는 건강을 되찾을 수 있었던 것이지요. 이 과정에서 예수님은 전혀 행동하실 필요가 없었습니다. 대신 그분은 가족들의 믿음을 통해 병자가 나을 수 있는 분위기를 조성하셨습니다. 우리는 이를 '예수님이 병자가 소속된 생활 공동체를 치유해 주신다.'라고 표현할 수도 있을 것입니다. 예수님은 이렇게 조직을 치유하심으로써, 궁극적으로 그 조직에 있는 사람도 치유하신 것입니다.

미사 때 우리는 백인대장의 말을 변형해 영성체 전 기도로 바칩니다. "주님, 제 안에 주님을 모시기에 합당치 않사오나 한 말씀만 하소서. 제가 곧 나으리이다." 그런데 때때로 이 기도에 불만을 느끼는 사람들이 있습니다. 자존감이 넘치는 그들은 "저는 주님을 제 안에 모실 자격이 있습니다."라고 말하고 싶어 하기 때문입니다.

백인대장도 자존감이 충만한 사람이었습니다. 그러나 그는 예수님의 신비를 직감적으로 알아차렸습니다. 하느님이 파견하신 사람의 모습을 예수님에게서 보았던 것이지요. 그는 예수님이 말씀을 통해 자기 종을 고쳐 주실 것을 기대했고, 예수님은 굳은 믿음을 표현한 그의 말을 칭찬하셨습니다.

성체를 영하기 전에 백인대장이 드린 기도를 우리도 바침으로써 예수님의 신비를 고백할 수 있습니다. 이때 예수님을 통해 하느님이 몸소 우리에게 오십니다. 따라서 우리는 영성체를 치유의 사건으로 이해할 수 있습니다. 당시에 백인대장의 종이 나은 것처럼, 이제 우리 영혼은 그리스도가 몸소 우리에게 오심으로써 낫게 됩니다. 영성체를 통해 우리에게 일어나는 일을 이해할 수 있으려면, 우리에게는 백인대장의 믿음이 필요합니다.

치유가 이루어지는
특별한 만남

'회당에서 더러운 영을 쫓아내시다' (마르 1,21-28)
: 하느님을 올바로 인식함으로써 치유되다

　카파르나움의 회당에 있던 악령 들린 이의 치유 이야기는 병자가 예수님을 찾아온다든지, 예수님이 병자에게 다가가신다든지, 다른 사람들이 병자를 예수님께 데려온다든지 하는 지금까지의 방식들에서 벗어나 있습니다. 예수님은 회당에서 설교하시고 사람들을 가르치셨습니다. 그런데 그분의 가르침은 율법학자들의 가르침과는 전혀 달랐습니다. 예수님께는 권위가 있었습니다. 이에 대해 마르코 복음서에는 이렇게 나와 있습니

다. "(하느님께 속하는) 권위를 가지고 가르치셨기 때문이다."(마르 1,22)

예수님은 누군가를 고쳐 주셔야겠다는 생각을 하지 않으셨습니다. 그분은 가르치는 일에 전념하셨기 때문입니다. 그런데 사람들이 그분의 가르침에 반응을 보였습니다. 마침 회당에는 더러운 영에 사로잡힌 사람이 앉아 있었습니다.

"그가 소리를 지르며 말하였다. '나자렛 사람 예수님, 당신께서 저희와 무슨 상관이 있습니까? 저희를 멸망시키러 오셨습니까? 저는 당신이 누구신지 압니다. 당신은 하느님의 거룩하신 분이십니다.'"(마르 1,23-24)

우리에게 가까이 오신 자비로운 하느님에 관한 예수님의 가르침이 그 사람에게 거센 반작용을 불러일으킨 것입니다.

예수님은 하느님에 관해 지니셨던 표상을 말씀하심으로써, 더러운 영에 사로잡힌 사람이 지니고 있던 하느님에 관한 악령적인 표상을 끄집어내셨습니다. 그 사람은 자제할 수 없었습니다. 예수님이 그가 더욱 위기감을 느끼도록 만드시자, 그는 예수님께 소리치기 시작했습니다.

예수님은 그 사람을 반대하는 어떤 말씀도 하지 않으셨습니다. 그분은 오직 하느님에 관해 설교하셨을 뿐입니다. 그런데 하느님에 관한 예수님의 말씀이 그에게는 도발이 되었습니다. 그는 자신을 인정하시는 하느님이란 표상을 갖고 있었던 듯합니다. 아마도 그가 생각했던 하느님은 종교적 의무를 충실히 이행했을 때 그것을 보상해 주시는 분이었을 것입니다. 그는 하느님에 관해 이처럼 편협한 생각을 품고 있었기 때문에, 그분에 관한 보다 폭넓은 표상들을 접하게 되자 거부 반응을 일으킨 것이지요. 또한 그가 생각했던 하느님은, 어쩌면 우리의 생각과 행위를 정확히 기록하고 평가하시는 감독관과 같은 존재였을지도 모릅니다.

예수님은 그가 지닌 표상과는 전혀 다른 모습의 하느님을 선포하셨습니다. 예수님은 너그럽고 자비로우신 하느님, 특히 죄인들에게 관심을 보이시며, 당신의 사랑을 통해 회개하도록 그들의 마음을 움직이시는 하느님에 관해 분명하게 말씀하셨습니다.

하느님에 관한 예수님의 이러한 생각은 악령 들린 사람을 공격적으로 만들었습니다. 그는 예수님이 자신의 영혼에 있는 무언가를 거론하고 계심을 눈치챘습니다. 그것은 이제껏 자신이 억압하고 억눌러 왔던 것이었습니다. 그는 자기 영혼의 혼돈 상태에 대한 두려움을 제어하기 위해, 통제하시는 하느님이란 표상을 이용해 왔습니다. 그에게서 이러한 하느님에 대한 생각을 빼앗으면, 그는 자신의 진실을 바라봐야만 합니다.

그런데 그는 자신의 진실을 바라볼 엄두가 나지 않았습니다. 그런 까닭에 그는 자신의 두려움을 예수님께 투영하고, 예수님의 이름을 부름으로써 그분을 지배해 보려고까지 했습니다.

악령 들린 이의 거친 반응은 그에 대한 예수님의 관심을 불러일으켰고, 그를 낫게 만드는 계기가 되었습니다. 예수님의 치유 방식은 "조용히 하여라. 그 사람에게서 나가라."(마르 1,25)라는 명령이었습니다. 예수님은 악령 들린 사람이 아니라, 그 사람에게 있는 악령, 즉 그에게 하느님에 관한 그릇된 표상을 심어 준 악령에게 말씀하셨습니다. 하느님에 관한 그릇된 표상으로 그 사람을 지배해 왔던 악령은 이제 그에게서 떠나 침묵해야 했습니다.

예수님의 말씀은 여기에서도 효력을 발휘합니다. "더러운 영은 그 사람에게 경련을 일으켜 놓고 큰 소리를 지르며 나갔다."(마르 1,26) 악령 들린 사람은 자신에게 감동을 준 예수님의 복음 말씀과, 자신과 함께 성장해 온 하느님에 관한 오래된 표상 사이에서 갈팡질팡했던 듯합니다. 그러나 예수님 말씀의 힘이 훨씬 더 강력했지요. 그분의 말씀은 그가 지녔던 하느님에 관한 악령적인 표상과 오랜 씨름 끝에 그를 해방시켰습니다. 우리는 이를 "예수님이 하느님에 관한 올바른 표상을 선포하심으로써 악령 들린 사람을 치유하셨다."라고 말할 수 있습니다.

  예수님은 하느님에 관한 표상이 자신에 관한 표상을 결정지을 뿐만 아니라, 사람을 건강하게 만들거나 병들게도 만든다는 것을 알고 계셨습니다. 예수님의 이러한 치유 방식은 영성 상담이 지향해야 할 바를 제시합니다. 영성 상담에서는 '하느님에 관한 표상'을 주제로 삼아, 내담자를 병들게 만든 하느님에 관한 악령적인 표상이 무엇인지 살펴봐야 합니다.

  하느님에 관한 이러한 악령적인 표상은 사람들의 무의식에 자리 잡는 경우가 종종 있습니다. 사람들은 자신의 고유한 신학에 근거해서 예수님이 선포하셨던 하느님의 표상들에 동의합니다. 그러나 영혼의 깊은 곳에는 하느님에 관한 또 다른 표상이 잠재해 있는데, 그것은 개인을 좌지우지하며 때로는 삶에 방해가 되기도 합니다.

  예수님의 치유 방식은, 우리 각자가 하느님에 관해 지녀 왔던 오래된 표상에서 벗어나기까지 때때로 오랜 기간 노력해야 한다는 것을 보여 줍니다. 또한 이는 이성적인 깨달음뿐만 아니라, 영혼과 육신까지 동원된 노력이어야 합니다.

  더러운 영은 큰 소리를 지르며 병자에게서 나갔습니다. 하느님에 관한 악령적인 표상이 각인되었던 사람들은 자신이 이제껏 예수 그리스도의 하느님이 아니라 우상을 섬겨 왔다는 사실에 엄청난 분노를 느낀 나머지, 때때로 큰 소리를 내며 분노를 표출했습니다. 그들은 예수님의 눈으로 하느님을 바라보고 자유인으로서 하느님 앞에 설 수 있을 때까지, 공격적인 에너지로 자신을 병들게 만들던, 하느님에 관한 그릇된 표상들과 거리를 두려고 한 것입니다.

카파르나움의 회당에 있던 악령 들린 사람의 치유 이야기는 우리가 하느님에 관한 우리의 표상을 돌아보도록 이끕니다. 하느님에 대한 우리의 생각은 예수님이 하느님에 관해 알려 주신 표상과 어떤 부분에서 일치하나요? 혹시 하느님에 관한 생각이 자신에 관한 부정적인 표상을 대변하는 것은 아닐까요? 스스로 자기 자신을 벌 주고자 하는 상황이 '벌하시는 하느님'이라는 표상을 만들어 낸 것은 아닐까요? 자신의 모든 감정과 생각을 통제해야 한다는 압박감이 '감독하시는 하느님'이라는 표상을 만들거나, 모든 것을 평가하려는 성향이 '모든 것을 판단하시는 하느님'이라는 표상을 만든 것은 아닐까요?

자신에 관한 그릇된 표상과 하느님에 관한 그릇된 표상 중에 어느 것이 먼저 있었는지 알 수 없는 경우가 종종 있지만, 여하튼 이 둘은 서로 연관되어 있습니다. 자신을 병들게 만드는 하느님에 관한 그릇된 표상과 이별할 준비가 되어 있을 때에만, 비로소 하느님에 관한 예수님의 표상과 만나 치유될 수 있을 것입니다.

'태어나면서부터 눈먼 사람을 고쳐 주시다' (요한 9,1-12)
: 하느님의 일에 관한 이야기

태어날 때부터 앞이 보이지 않는 사람에 관한 이야기에서도 병자가 예수님을 찾아왔다거나, 예수님이 병자에게 다가가셨다는 말은 나오지 않습니다. 병자는 그저 예수님이 지나가시는 길에 있었고, 그분의 눈에 들어왔을 뿐입니다. 그것이 예수님과 제자들이 자신에 관한 이야기를 나누는 계기가 되었습니다. 제자들이 예수님께 여쭈었습니다.

"'스승님, 누가 죄를 지었기에 저이가 눈먼 사람으로 태어났습니까? 저 사람입니까, 그의 부모입니까?' 예수님께서 대답하셨다. '저 사람이 죄를 지은 것도 아니고 그 부모가 죄를 지은 것도 아니다. 하느님의 일이 저 사람에게서 드러나려고 그리된 것이다.'" (요한 9,2-3)

제자들은 유대교에 널리 퍼져 있던 이러한 관념에 사로잡혀 있었습니다. '앓는 사람이 있다면, 그는 누군가가 지은 죄의 결과를 받은 것임에 틀림없다. 질병에는 원인이 있기 마련인데, 병자 자신이나 그의 부모가 지은 죄가 원인이 되어 병이 든 것이다.'

그런데 예수님은 죄와 질병 사이의 이러한 연관성을 부정하셨습니다. 예수님은 프로이트의 주장처럼 모든 질병에는 원인이 있고, 그 원인의 결과로 질병이 발생한다는 인과론적 해석과는 전혀 다른 말씀을 하신 것입니다.

프로이트가 질병에 관해 생각한 것은 예수님 제자들의 생각과 일치하지만, 그러한 관념은 위험하다고 할 수 있습니다. 병을 앓는 모든 이에게 "자신의 병에 대한 책임은 자기 자신에게 있다."라고 말하거나, "스스로 자신을 병들게 만들었다." 또는 "자신의 병에 책임이 있는 사람들을 자기 주변에서 찾아라."라고 말하는 것이 되기 때문입니다. 그러나 자신이나 다른 사람에게 책임을 전가하는 행동은 아무런 도움도 되지 않습니다. 그런 행동은 자신을 마비시키고 약하게 만들 죄책감만 불러일으킬 뿐, 자신을 낫게 하지는 못합니다.

그러자 예수님은 말씀하셨습니다. "저 사람이 죄를 지은 것도 아니고 그 부모가 죄를 지은 것도 아니다. 하느님의 일이 저 사람에게서 드러나려고 그리된 것이다."(요한 9,3)

우리는 예수님의 이러한 말씀을 어떻게 이해해야 할까요? 아마도 이 말씀과, 질병을 목적론적으로 해석한 융의 관점을 비교해 볼 수도 있을 것입니다. 융은, 질병은 목적과 의미를 지녔으며, 우리가 새로운 방식으로 살아야 한다는 것을 알려 준다고 주장했습니다. 이에 따르면, 우리는 "하느님의 일이 병자에게서 드러나야 한다."라고 말할 수 있는 것입니다.

질병은, 하느님이 병자에게 무언가를 행하시고 하느님의 영광이 병자에게서 빛을 발하게 되는 계기가 됩니다. 따라서 우리는 과거가 아니라 미래를 바라보아야 합니다. 병을 앓는 상황을 비롯한 모든 상황은 하느님의 일을 통해 변화되고 치유될 수 있습니다.

예수님은 날 때부터 눈이 먼 소경을 주도적으로 치유하심으로써, 우리가 당신의 말씀을 어떻게 이해해야 하는지 보여 주셨습니다.

"예수님께서는 이렇게 말씀하시고 나서, 땅에 침을 뱉고 그것으로 진흙을 개어 그 사람의 눈에 바르신 다음, '실로암 못으로 가서 씻어라.' 하고 그에게 이르셨다. '실로암'은 '파견된 이'라고 번역되는 말이다." (요한 9,6-7)

예수님은 당신의 행동을 통해 눈멀었다는 것이 무엇을 뜻하는지, 그리고 그런 상황이 어떻게 변화될 수 있는지를 보여 주셨다고 할 수 있지요. 눈이 멀었다는 것은 자신이 맞닥뜨린 자신의 진짜 모습이 지금까지 생각해 온 것과 다르기 때문에 그 앞에서 두 눈을 감아 버린다는 것을 뜻합니다. 태어날 때부터 눈이 먼 소경에 대해 우리는 이렇게 이야기할 수도 있습니다. '그는 태어난 후 줄곧 자신의 실제를 볼 수 없었는데, 그에게는 자신의 실제가 너무 잔혹하고 견딜 수 없는 것이었기 때문이다.'

예수님은 땅에 침을 뱉으신 후 그것을 개어 진흙을 만드셨습니다. 그런 행동을 통해 그분은 결국 눈먼 이에게 "너는 흙에서 왔으니, 사람인 네가 지닌 약점과 유한성을 받아들여라. 또한 네 안에 흙과 더러움이 있음을 깨달아라."라고 말씀하신 것입니다. 눈먼 이는 겸손을 배워야 했습니다. '겸손'을 뜻하는 라틴어 '후밀리타스humilitas'는 '흙'을 뜻하는 라틴어 '후무스humus'와 관련이 있습니다. 겸손한 사람이란 자신의 현세적 속성을 받아들이고, 자기 영혼의 밑바닥까지 내려가는 사람이라는 것이지요.

태어날 때부터 눈먼 소경은 눈에 진흙을 붙인 채 실로암 못으로 가서 씻어야 했습니다. '실로암'은 '파견된 자'라는 뜻입니다. 이는 곧 '메시아'를 가리키는 말이지요. 눈먼 이는 예수님과의 만남을 통해 이제 볼 수 있게 되었습니다. 예수님과의 만남은, 눈먼 이가 자기 눈의 더러움을 씻고, 그로써 실제를 다시 볼 수 있게 된 목욕과도 같았습니다.

그렇다면 심리 치료나 영성 상담이 내담자를 위한 목욕처럼 되려면, 상담자는 어떻게 해야 할까요? 내담자는 이 목욕을 통해 자기 눈의 모든 더러움을 씻고 다시 볼 수 있게 됩니다. 그런데 심리 치료나 영적 상담을 '목욕'으로 체험할 수 있으려면, 상담자는 평가를 하지 말아야 합니다. 평가는 내담자의 영혼에 오물을 씌우는 일이며, 평가를 받는 사람은 자신이 가치 없다고 느끼게 됩니다.

예수님은 요한 복음서에서 당신에 관해 다음과 같이 말씀하셨습니다. "너희는 내가 너희에게 한 말로 이미 깨끗하게 되었다."(요한 15,3) 예수님은 도덕에 관해 설교하지 않으셨습니다. 그분은 사람들이 자기 자신과 하나 되고 깨끗해졌음을 느끼라고 말씀하셨습니다.

우리의 말에는 불순한 의도가 숨어 있는 경우가 종종 있습니다. 예를 들면, 우리는 말로 자신을 실제보다 더 훌륭하게 포장하려고 합니다. 또한 우리의 말에는 때때로 공격과 편견, 평가와 비난이 숨어 있기도 하지요. 따라서 말을 조심스럽게 하도록 주의하는 일과, 자신이 어떤 이유에서 불순해졌는지 점검하는 일은 영성 상담가에게 매우 중요한 과제입니다. 상담가는 아무런 저의 없이 명확하고 순수하게 말함으로써, 내담자들이 극명하게 자기 자신을 바라볼 용기를 갖도록 분위기를 조성할 수 있습니다. 상담가의 말은 내담자들에게 무엇이든 밝고 긍정적인 눈으로 바라볼 수 있다는 신뢰를 줄 것입니다.

태어날 때부터 앞이 보이지 않는 사람의 치유 이야기를 묵상하는 사람은 자신의 망상을 떨쳐 버릴 힘이 자신에게 있음을 느끼게 될 것입니다. 그동안 그는 자신의 망상으로 자신의 진짜 모습 앞에서 눈을 감았습니다. 그는 진짜 자신에게서 도망쳐 자신에 대한 이상적인 상상 속으로 피신했던 것이지요.

그러나 예수님과의 만남은, 그가 사람이기 때문에 지닌 약점들과 현세적이고 유한한 모든 속성들을 겸손하게 받아들이라고 그에게 요구합니다. 그 요구를 받아들일 때, 그는 열린 눈으로 자신의 실제를 바라볼 수 있게 됩니다. 또한 자신의 현세적 속성과 자신의 약함을 떠올리게 하는 사람들 앞에서도 눈을 감지 않게 될 것입니다.

가족의 문제를
풀어 주는 치유

성경은 예수님을 통해 우리에게 심신에 관련된 질병의 치유뿐만 아니라, 부모와 자녀 관계의 치유에 관해서도 전해 줍니다. 복음서들은 우리에게 '아버지와 딸'(마르 5,21-43 참조), '어머니와 딸'(마르 7,24-30 참조), '아버지와 아들'(마르 9,14-29 참조), '어머니와 아들'(루카 7,11-17 참조)이라는 전형적인 네 가지 관계에 대해 이야기합니다.

예수님은 이 이야기들에서 가족 심리 치료사의 모습으로 등장하십니다. 오늘날 가족 치료처럼, 이미 2천 년 전에 가족 치료로 우리를 가르치신 것입니다. 이 네 가지 관계 이야기들은 저의 저서인 《어린 시절 상처 치유하기》에서 이미 상세하게 다론 적이 있으므로, 이 책에서는 가족 치료 때 사용하신 예수님의 치유 방식만을 살펴보고자 합니다.

우리는 이 네 가지 이야기에서, 예수님이 자녀뿐만 아니라 항상 부모까지 함께 치유하셨음을 확인할 수 있습니다. 그리고 그분은 문제와 질병에 대한 책임을 아버지와 어머니, 또는 아들과 딸 누구에게도 전가하지 않으셨고, 따라서 그 누구도 죄책감을 받지 않게 하셨습니다. 그저 이미 발생한 복잡한 문제들에서 출발하여, 당신의 치유로 이 복잡한 문제들을 해결해 주고자 하셨지요. 치유가 이루어질 때는, 부모뿐만 아니라 자녀들도 새로운 태도를 습득하고, 그럼으로써 더 나은 가족 공동체가 이루어질 수 있게 하셨습니다.

예수님은 아버지와 어머니를 다르게 다루셨습니다. 아버지와 관련된 두 가지 이야기는 두려움과 신뢰에 관한 것입니다. 예수님은 자신의 딸이 죽었다는 소식을 들은 야이로라는 회당장에게 "두려워하지 말고 믿기만 하여라."(마르 5,36)라고 말씀하셨습니다.

많은 아버지들이 가진 문제는 자녀를 마치 회사의 직원이나 학교의 학생, 또는 상담 중인 내담자처럼 다루려고 한다는 것입니다. 그러나 자녀는 그렇게 대하는 것을 원하지 않으며, 오히려 자신의 유일함이 받아들여지길 바랍니다. 아버지는 딸을 놓아주고 딸이 스스로 성장하고 성숙할 수 있도록 해야 하며, 딸을 유일한 모습으로 창조하신 하느님께 맡기는 법을 배워야 합니다.

예수님은 아들의 간질 발작 때문에 어쩔 줄 모르는 아버지에게 말을 건네셨습니다. " '믿는 이에게는 모든 것이 가능하다.' 하고 말씀하시자, 아이 아버지가 곧바로, '저는 믿습니다. 믿음이 없는 저를 도와주십시오.' 하고 외쳤다."(마르 9,23-24)

아들은 '아버지'에게서 자신의 공격성과 감정, 성적 욕구 등을 적절한 방식으로 표현할 수 있는 신뢰를 느끼지 못했습니다. 그런 까닭에 아들은 그것을 오로지 간질 발작이라는 비언어적인 방식으로 표현할 수밖에 없었지요.

마르코 복음사가는 악령이 그를 바닥에 거꾸러뜨려 그가 입에 거품을 흘리며 뒹굴게 했다고 전했습니다. 또한 악령이 그를 불 속이나 물속에 내던질 때도 자주 있다고도 했습니다. 이런 모습들은 억압된 공격성과, 그 안에 가득 찬 무의식, 그를 불 속으로 내던지는 성적인 환상들을 상징합니다. 예수님이 그의 아버지에게 믿음과 관련된 말씀을 하시자, 그는 자신에게 믿음이 없음을 인정했습니다. 그러고 나서야 그는 믿기 시작했습니다. 그는 자기 아들을 믿을 수 있기를 열망했고, 그 마음으로 예수님께 도움을 청한 것이지요.

어머니와 관련된 두 가지 이야기는 거리를 두는 일에 관해 다룹니다. 아이가 태어난 이후 처음 몇 년 동안 아이에게 가장 가까운 존재는 엄마입니다. 엄마는 아이를 모태에 지녔고, 아이를 어르고 기저귀를 갈아 주는 등 신체적·정신적으로 아이와 밀접한 관계를 맺어 갑니다. 그러나 아이가 성장하게 되면, 이제는 자녀를 놓아주는 일이 매우 중요해집니다. 물론 아버지도 자녀를 놓아주어야 합니다. 그런데 보통 어머니와 자녀의 관계가 더 가깝다 보니, 자녀를 놓아주는 일을 어머니가 더 힘들어 합니다.

이러한 놓아주기의 첫 단계가 바로 거리를 두는 일입니다. 어머니는 자녀와 거리를 둠으로써, 자녀가 스스로 자신을 책임질 수 있게 해야 합니다. 많은 어머니들이 자녀에 대한 걱정을 내려놓는 것을 어려워합니다. 그렇다고 해서 어떤 극단적인 방임을 해야 한다고 말하려는 것은 아닙니다. 어머니의 사랑은 죽을 때까지 계속되는 것이기 때문입니다. 그러나 염려와 놓아주기 사이에서 올바른 균형을 잡는 일은 어머니에게 일생에 걸친 과제라고 할 수 있습니다.

　예수님은 한 어머니에게 자녀를 어떻게 놓아줄 수 있는지 시범을 보이셨습니다. 그분은 당신을 찾아와 딸을 낫게 해 달라며 즉시 동행할 것을 조르는 어머니와 거리를 두셨습니다. 그녀는 자기 자녀에게 그러했듯이 예수님도 독차지하려 했지요. 예수님은 당신의 발 앞에 엎드린 그녀에게 그녀의 잘못을 말씀해 주셨습니다.

　예수님은 그녀의 딸이 아픈 이유를 알려 주셨는데, 그 이유는 딸이 음식을 배불리 먹지 못했기 때문이었습니다. 강아지들이 딸이 먹을 빵을 다 먹어 버렸기에 생긴 일이었지요. 이 강아지들은 엄마의 애착, 곧 자신의 직업적 성공이나 여유로움에 대한 소망 등의 욕구를 상징합니다. 예수님은 그녀의 잘못을 지적하심으로써, 그녀가 다른 시각을 지니도록 가르치셨습니다. 그녀는 이 새로운 시각을 즉시 받아들였고, 예수님께 말씀드렸습니다. "주님, 그러나 상 아래에 있는 강아지들도 자식들이 떨어뜨린 부스러기는 먹습니다."(마르 7,28) 그녀는 '제 딸은 배불리 먹지 못했기에, 저는 제 딸에게 필요한 것들을 더 많이 구해야 합니다. 그러나 저 역시 배불리 먹어야 합니다. 제게도 충족시켜야 할 욕구들이 있으니까요.' 하고 생각한 것이지요. 이 새로운 시각을 지닌 채 그녀는 집으로 돌아가야 했습니다.

그녀는 딸과 자기 자신에 대한 애정 사이에서 새로운 균형을 이루어야 했습니다. 또한 자기 자신을 돌볼 용기도 필요했습니다. 그녀는 딸에게 충분한 사랑을 주고 있는지, 또 딸을 올바르게 훈육하고 있는지에 대해서 너무 걱정한 나머지 딸에게 집착하고 있었습니다. 그러나 예수님은 그녀가 자기 자신을 돌보도록 해방하셨고, 그로써 그녀의 딸까지도 해방하셨습니다.

예수님이 죽은 청년의 어머니에게 하신 말씀도 이와 비슷하게 이해할 수 있습니다. 큰 무리를 이룬 사람들이 죽은 청년을 장사 지내기 위해 그를 도시 밖으로 옮기고 있었습니다. 청년의 어머니가 가엾은 마음이 든 예수님은 그녀에게 "울지 마라."(루카 7,13) 하고 이르셨습니다.

어머니는 아들을 놓아주어야 하고, 아들은 이제 자기 길을 가야 합니다. 그리고 청년의 어머니는 눈을 떠야 합니다. 그러면 그녀는 아들이 떠나더라도 자신이 혼자가 아님을 깨닫게 될 것입니다. 많은 사람들이 그녀와 함께 걷고 있었습니다. 그녀는 자신의 관계에 대한 욕구를 아들을 통해서만 충족시키려고 해서는 안 됩니다. 아들과 거리를 두어야 하며, 아들을 놓아

주어야 합니다. 어머니와 아들이 지나치게 친밀한 관계를 형성하면, 오히려 아들이 살 수 없게 되어 버립니다.

이 네 가지 관계 이야기를 묵상하다 보면, 또 다른 통찰을 얻을 수 있습니다. '아버지와 아들', '어머니와 딸'이라는 동성 간의 관계에서는 예수님이 언제나 악령을 쫓아내심으로써 치유하셨습니다. 악령은 아들이나 딸이 지닌 본래의 모습을 흐리는 더러운 영입니다. 우리는 악령의 행동을 투사投射 행위에서 확인할 수 있습니다. 아버지는 아들을 단 하나뿐인 존재로 받아들이는 것이 아니라, 자신의 기대를 아들에게 투사합니다. 아들은 아버지와 똑같이 되어야 한다거나, 대학 진학이나 특정한 직업을 가져야 한다는 등 아버지가 이루지 못한 일들을 대신 수행해야 한다는 중압감에 시달리게 됩니다.

어머니도 딸을 유일무이한 존재로 인식하는 것이 아니라, 여성성에 관한 자신의 고유한 표상을 딸에게 투사합니다. 또한 딸은 어머니에게 어머니가 살아 보지 못한 삶을 상기시키기도 하는데, 그럴 때 어머니는 딸이 들춰낸 자신의 부정적인 측면을 극복하려고 합니다. 이러한 악령은 쫓아내야 합니다. 따라서 예수님은 아버지와 어머니가 새로운 시각을 갖도록 가르치십니다. 그들은 자신이 자녀에게 투사했던 모습 대신, 하느님이 자녀에게만 주신 자녀의 유일한 모습을 찾아내거나 직관적으로 파악해야 합니다.

'아버지와 딸' 그리고 '어머니와 아들'이라는 이성 간의 관계에서, 치유는 언제나 죽음과 부활을 통해 이루어집니다. 말하자면 딸은 아버지와의 공생에서, 아들은 어머니와의 긴밀한 애착 관계에서 벗어나야 합니다. 아버지나 어머니가 전적으로 정해 준 자녀의 오래된 정체성은 소멸되어야 합니다.

치유는 부활과 같은 것입니다. 아들과 딸은 새로운 정체성으로 부활해야 하고, 자기 자신이 될 용기를 지녀야 하지요. 우리는 이러한 사실을, 예수님이 죽은 딸의 손을 잡고 "내가 너에게 말한다. 일어나라!"(마르 5,41)라고 말씀하신 모습에서 확인할 수 있습니다.

죽은 채 관 속에 누워 있던 청년의 이야기에서 예수님은 관을 메고 가던 이들을 멈추게 하셨습니다. 예수님은 '이 관은 네가 살 곳이 아니다. 너는 남들이 너를 일생 동안 지고 가게 해서는 안 된다.' 하고 생각하신 것입니다. 그러고 나서 예수님은 "젊은이야, 내가 너에게 말한다. 일어나라."(루카 7,14) 하고 명하셨습니다. 그는 일어나야 했습니다. '일어나다'라는 뜻의 그리스어 '에게르테티$\varepsilon\gamma\varepsilon\rho\theta\eta\tau\iota$'는 '깨어나다'라는 의미도 있습니다. 청년은 언제까지나 어머니 곁에서 아이의 역할에 머물러 있을 것이 아니라, 남자로 깨어나야 했습니다.

예수님은 부모가 새로운 시각과 태도를 갖는 것만으로는 자녀가 치유될 수 없다는 것을 알고 계셨습니다. 자녀는 자신에게 유익하지 않은 부모와의 관계에서 벗어나야 합니다. 그런 까닭에 예수님은 자녀도 치유하셨습니다.

예수님은 야이로의 딸의 손을 잡으셨고, 그녀에게 먹을 것을 주게 하셨습니다. 그리고 그녀가 자신의 정체성을 느끼도록 기운을 북돋우셨습니다. 그런데 마르코 복음사가는 야이로의 딸이 치유된 이야기에 하혈하던 여인의 치유 이야기를 끼워 넣었습니다. 저는 아마도 이 여인이 아버지에게 상처를 받았고, 그 상처가 영향을 주었을 것이라고 생각합니다.

이 여인은 아버지에게 무시당해 상처를 받은 적이 있을 것입니다. 무시당했을 때 그녀는 하혈이 매우 심해졌는데, 이는 그녀가 자신의 모든 힘과 능력을 쏟아 냈음을 의미합니다. 다시 말해 그녀는 인정받기 위해 자신이 지닌 모든 능력을 쏟아 부었던 것입니다. 그러나 그러는 동안 그녀는 모든 힘을 소진했습니다.

치유의 첫 단계는 하혈하던 여인에 의해 이루어졌는데, 그녀는 스스로에게 더 이상 내줄 것이 남아 있지 않음을 알고 있었습니다. 그녀는 예수님의 옷자락에 손을 대었습니다. 그녀는 자기 자신을 위해 무엇인가를 행할 용기를 가졌던 것이지요. 이는 사람들이 심리 치료사나 영성 상담가를 찾아와 모든 진실을 털어 놓는 것과 마찬가지라고 할 수 있습니다. 그녀는 자기 삶을 있는 그대로 이야기했고, 그럼으로써 그녀는 이제 진정으로 인정받게 되었습니다.

예수님은 그녀에게 "딸아, 네 믿음이 너를 구원하였다. 평안히 가거라. 그리고 병에서 벗어나 건강해져라."(마르 5,34)라고 말씀하셨습니다. 예수님은 그녀를 진정으로 주목하셨고, 이제 그분은 그녀를 딸이라고 부르셨습니다. 말하자면 아버지로서 그녀에게 삶을 살아갈 용기를 주신 것입니다. 또한 예수님은 그녀가 당신에게 의존하지 않고, 자신의 믿음에 눈길을 돌리도록 만드셨습니다. 그녀는 굳은 믿음과, 물을 길을 수 있는 샘을 품고 있었기 때문이지요. 그녀가 그저 아버지의 관심만을 바라는 대신 자신이 지닌 고유한 능력으로 살아갈 때, 평화롭게 자신의 길을 갈 수 있습니다. 그럴 때 그녀는 자기 자신과 하나 되고, 치유되며, 건강해집니다.

예수님은 시리아 페니키아 여인의 딸을 진료하지 않으셨습니다. 그분은 딸의 얼굴을 보지도 못하셨지요. 아마도 예수님은 그녀의 엄마에게 다른 시각을 제공하심으로써, 그녀를 도우셨던 것 같습니다. 엄마가 딸을 다른 눈으로 보게 될 때, 즉 더 이상 딸을 경쟁자나 자신을 화나게 만드는 존재로 여기지 않게 될 때, 딸에게서 자신의 결점을 보고 질책하지 않게 되고, 세상에 하나뿐인 젊은 여성의 모습을 발견하게 될 때, 엄마와 딸의 관계는 달라지게 됩니다. 그리고 그 관계가 달라질 때 딸은 다른 삶을 살 수 있게 되지요.

시리아 페니키아 여인이 집으로 돌아와서 보니, 딸은 안정을 되찾은 상태였습니다. "아이는 침상에 누워 있고 마귀는 나가고 없었다."(마르 7,30) 딸은 자신의 본래적인 정체성과, 엄마 앞에서 수행하던 역할 사이에서 더 이상 갈팡지팡하지 않았습니다. 비로소 자기 자신과 하나가 된 것이지요.

마르코 복음서에 나오는 치유 이야기에서, 아버지는 아들의 발작으로 인해 당혹감에 빠져 있었습니다. 아버지는 더 이상 아들을 어떻게 도와야 할지 알 수 없었습니다. 예수님은 그런 아버지에게 아들을 신뢰하라고 가르치십니다. 그런데 아들은 자기 역할에 적응해 있었고, 아버지를 지배하고 있었습니다(마르 9,14-29 참조).

자기 아버지와 큰 문제가 있었던 한 개신교 목사가 저에게 이렇게 말한 적이 있습니다. "저는 아버지에게 전혀 기회를 주지 않았습니다. 대학교를 다닐 무렵에 아버지가 저에게 해 온 잘못들을 알게 된 후로, 아버지가 더 이상 제게 접근할 여지를 주지 않았고, 그런 저의 의도를 느끼게 만들었습니다." 그는 자기 자신과 동일시했던 역할, 즉 아버지를 힘들게 만들었던 그 역할에서 벗어나야 할 것입니다.

마르코 복음사가는 아들의 치유를 매우 극적으로 묘사합니다. 예수님은 더러운 영에게 아들에게서 나가라고 명령하셨습니다. 그러자 더러운 영은 아들을 다시 한 번 마구 뒤흔들어 놓더니, 큰 소리를 지르며 그에게서 나갔습니다. 이런 모습은 자신의 오래된 역할에서 벗어나고자 하는 내적인 투쟁을 의미합니다. 또한 아들은 오래된 분노를 먼저 큰 소리로 표출해야 했습니다. 아들은 죽은 것처럼 바닥에 누워 있었기 때문에 사람들이 모두 "아이가 죽었구나."(마르 9,26)라고 말했습니다. 아들은 자신의 예전 정체성을 내려놓은 것입니다. 그가 자기 자신과 자신의 참된 본성에 이르게 하기 위해, 이제는 예수님이 그의 손을 잡아 주셨습니다. 그리고 그분은 그가 자신의 길을 올바로 갈 수 있도록 일으키셨습니다.

나인이라는 고을의 소년에 관한 이야기에서 치유는 일어나라는 명령, 곧 그가 어머니와 맺고 있는 공생 관계에서 벗어나라는 명령을 통해 이루어집니다. 그런데 많은 이들이 이해하기 어려울 만한 이야기가 그 뒤에 나옵니다.

"예수님께서는 그를 그 어머니에게 돌려주셨다." (루카 7,15)

치유는 소년이 어머니와 관계를 단절해야 한다는 것을 뜻하지 않습니다. 그런 단절은 자기의 본래적인 근원에서 자신을 잘라 내는 행동과 같기 때문이지요. 어머니는 우리에게 꼭 있어야 할 뿌리이자, 항상 필요한 존재입니다. 뿌리가 있기에 우리의 인생이라는 나무가 꽃피게 됩니다. 그러나 그와 동시에 우리에게는 어머니로부터 내적인 자유, 곧 새로운 형태의 거리 유지가 필요합니다. 그리고 나서야 우리는 비로소 어머니의 친밀감을 받아들일 수 있습니다. 소년은 더 이상 어머니 앞에서 예전의 모습으로 행동하지 않습니다. 그는 자기 자신이 되었고, 그로써 어머니도 그녀 자신이 될 것입니다.

우리는 위의 이야기들에 어떤 지혜가 숨어 있는지 알 수 있습니다. 예수님은 이 이야기들에서 가족 관계를 잘 알고 그것을 꿰뚫어 보는 원조 元祖 가족 치료사의 모습으로 등장하십니다. 예수님은 각자에게 필요한 방식으로 부모와 자녀 모두를 치유하심으로써, 그들이 자기 자신을 찾아 스스로의 길을 걷게 하셨고, 다른 한편으로는 부모와 자식 사이에 올바른 관계를 맺게 하셨습니다.

예수님이 가장 중요하게 여기셨던 일은 과거의 모든 문제를 종합적으로 고찰하는 것이 아니라, 미래로 가는 새로운 길을 제시하는 것이었습니다. 자신의 근원을 체험하고 상담자로부터 이해와 관심을 받는 것, 다시 말해 심리 치료사나 영성 상담가로부터 '재양육'되는 체험이 '치유의 길'이라 할 수 있습니다.

예수님의 다양한
치유 방법

이제 치유 이야기에서 확인할 수 있는 예수님의 여러 가지 치유 방법을 다시 한번 정리하고자 합니다. 이 작업에서 저는 심리 치료사와 영성 상담가를 염두에 두었는데, 그들은 예수님의 치유 방법에서 자신의 상담 업무와 관련된 도움을 얻을 수 있을 것입니다.

다른 한편으로는 본래의 자신이 되어 가는 여정을 시작하여, 그 여정 중에 자신의 문제에 대해 도움을 구하고 자신의 질병과 신경증적 행동 방식의 치유를 기대하며 이 책을 읽는 이들도 염두에 두었습니다. 치유 이야기를 읽고 묵상하는 일이 심리 치료를 대체할 수는 없겠지만, 자신에게 익숙한 생활 방식을 새롭게 바꾼다는 측면에서는 많은 이들에게 도움을 줄 수 있을 것입니다.

예수님은 각각의 사람에게 개별적으로 관여하셨습니다. 그분은 자기 앞에 있는 사람에게 지금 이 순간 필요한 것이 무엇인지 직감적으로 파악하셨습니다. 또한 어떤 체계적인 이론을 따르셨던 것이 아니라, 각각의 사람에게 맞는 가장 적절한 방식으로 그들을 치유하셨습니다. 예수님은 개개인에게 유익한 것이 무엇인지를 아는 내적인 직감력을 지니셨고, 당신의 직감에 따라 행동하셨습니다. 그분은 하느님과의 완전한 일치에서, 마음속 깊은 곳에서 우러나온 행동을 하셨던 것입니다. 이와 같이 그분은 우리에게 어떤 심리 치료 학파의 체계적인 이론보다는 각자가 지닌 직감력을 더 많이 신뢰하도록 용기를 주십니다.

예수님은 사람들을 만나셨고, 치유는 언제나 이러한 만남에서 이루어졌습니다. 치유는 어떤 방법이 아니라 만남을 통해서, 곧 상담자와 내담자 간의 올바른 관계를 통해서 이루어집니다. 또한 누군가를 만난다는 것은 언제나 자기 자신을 만난다는 것을 의미합니다. 예수님은 사람들이 자기 자신과 만나는 일을 그만두지 않게 하셨습니다. 그리고 병자가 자신의 질병과 씨름하고 질병이 자신에게 어떤 의미가 있는지 묻는 과정을 거치지 않고, 그저 병만 없애 달라는 요청을 거부하셨습니다. 병자가 자기 몸의 상처뿐만 아니라 영혼의 상처까지도 예수님께 내보일 준비가 되어 있을 때에만 치유가 일어납니다. 만남을 통해 오로지 자기 자신과 진지하게 대면하고, 자신과의 만남에서 자신의 무력함을 체험하며, 스스로 자신을 도울 준비가 되어 있는 사람만이 치유받을 수 있는 것이지요. 우리가 건강해지고 싶다면서 마음대로 예수님이나 하느님을 이용할 수는 없습니다. 우리는 하느님께 우리의 진실과 상처를 내보일 준비가 되어 있어야 합니다. 오직 그럴 때에만 하느님의 사랑이 우리의 상처 속으로 흘러들 수 있고, 그분의 빛이 우리의 진실을 비출 수 있을 것입니다.

치유란 새롭게 방향을 설정하고, 삶에 대한 새로운 시각을 배우며, 자기 자신과 타인을 새로운 태도로 대하게 되는 것을 의미합니다. 많은 경우에 질병은 기존의 방식이 지속될 수 없음을 나타내는 표지가 됩니다. 반대로 치유는 언제나 새로운 삶의 방식으로 전환됨을 뜻합니다. 내담자는 상담자와의 만남에서 자신의 진실을 털어놓는데, 이때 심리 치료사나 영성 상담가는 자신의 마음과 공감을 드러냅니다. 그들은 내담자를 위해 온 힘을 다하지요.

여러 치유 이야기에서 예수님이 아픈 이들을 위해 많은 노력을 기울이셨다는 내용이 끊임없이 나옵니다. 이 점은 예수님이 한숨을 내쉬셨던 모습에서 분명하게 확인할 수 있는데, 그 모습은 그분께도 치유란 상당한 노력이 필요한 일이었음을 보여 주는 것이지요.

만남은 사람과 사람 사이에서 일어나는 일입니다. 계획되지 않은 우연한 만남, 변화와 치유가 이루어지는 만남으로 만들기 위해서는 무엇보다 개방성과 정직함이 있어야 합니다. 예수님은 병자에게 만남을 제안하셨습니다. 그리고 신뢰의 분위기를 조성하셨고, 그로써 병자는 마음을 열고 그분과 만날 용기를 품게 되었습니다.

이와는 달리, 상담에서 내담자가 만남을 감행할지 여부는 상담자의 손에 달려 있는 것이 아닙니다. 이 점을 인식하면, 상담자가 모든 내담자를 치유해야 한다는 강박에서 벗어날 수 있습니다. 치유는 만남 안에서 일어나기 때문에, 내담자의 치유는 오롯이 상담자가 한 행동의 결과물이 아닙니다. 궁극적으로 치유는 언제나 선물이며 기적인 것이지요.

예수님은 때로는 아버지처럼, 때로는 어머니처럼 병자에게 관심을 기울이셨습니다. 그분은 어머니처럼 부드럽고 자상하게 병자를 돌보셨고, 그 누구도 평가받지 않는 제한 없는 사랑의 공간이자, 모성적인 신뢰의 공간을 마련하셨습니다. 그러나 예수님은 아버지처럼 엄하게 병자들에게 요구하기도 하셨습니다. 그분은 병자들이 자신의 고유한 힘과 의지를 바라보도록 북돋워 주셨습니다. 또한 그들이 숨은 힘을 발휘하게 하시려고 모든 일을 혼자서 행하시는 것을 거부하셨습니다. 병자는 치유받는 일에 스스로도 협력해야 했습니다.

예수님의 이러한 모성적이면서도 동시에 부성적인 태도는, 상담자뿐만 아니라 우리 모두에게 필요합니다. 우리는 어머니와 같은 모습으로 자기 자신을 대함으로써, 다시 말해 자기 안에 있는 상처받은 아이를 어머니처럼 안아 주고, 자신을 평가하는 일을 중단함으로써 치유될 수 있습니다. 또한 우리는 아버지처럼 자기 자신에게 "일어나 들것을 들고 집으로 돌아가거라."(마르 2,11)라고 격려할 수 있어야 합니다.

예수님은 당신이 고치시고자 하는 병자들에게 손을 얹고 안수하심으로써 그들을 고쳐 주신 경우가 종종 있습니다. 안수가 지닌 치유의 의미는 오늘날에도 계속 새롭게 밝혀지고 있습니다. 안수하는 사람이 다른 사람에게 손을 얹을 때, 하느님이 지니신 치유의 영이 그 사람 안으로, 다시 말해 그의 경련이나 마비, 내적인 혼돈 속으로 흘러 들어가게 됩니다. 오늘날에도 수많은 치료사가 안수를 치료에 이용합니다. 치료사가 환자에게 손을 얹을 때, 환자는 자신의 경련을 느끼게 됩니다. 그리고 그와 동시에 치료사의 따뜻한 손길 아래 경련을 내려놓습니다.

하지만 최근에는 성추행 논란에 대한 우려 때문에 치료사들은 환자의 몸에 손대는 것을 무척 조심하게 되었습니다. 그런 행동이 자칫 치료사가 환자의 권리를 침해하는 것으로 보일 수 있기 때문이지요. 그러나 이러한 신체 접촉을 상징적인 의미로 해석할 수도 있습니다. 우리는 예수님이 병자에게 손을 대셨음을, 즉 병자의 몸과 영혼에 손을 대심으로써 그가 자기 자신을 알게 되었다고 볼 수 있습니다. 이와 마찬가지로 상담자는 상담을 통해 내담자의 마음을 어루만질 수 있습니다. 상담자는 내담자의 마음을 어루만지고, 그로써 내담자는 자기 자신을 느끼며, 자신이 갖고 있는 고유한 힘을 발견하게 됩니다.

우리에게는 자연 치유력이 있습니다. 예수님은 당신의 말씀과 손을 얹으시는 행동을 통해 병자가 자신의 내적인 능력과 근원에 접하도록 만드셨습니다. 각각의 사람은 자신이 아직 발견하지 못한 능력들을 지니고 있습니다. 예수님과의 만남을 통해, 그리고 그분의 손길을 통해 사람들은 자신이 이미 갖고 있는 능력을 발견하게 됩니다. 예수님은 사람에게 있는 자연 치유력을 굳게 믿으셨고, 따라서 그분은 모든 일을 몸소 하실 필요가 없었습니다.

예수님의 치유 방법은 항상 저의 영성 상담에 자극이 됩니다. 저 역시 무엇보다 내담자에게 편견을 갖지 않고, 평가하지 않으며, 그와 함께 그의 진실을 바라보고, 그가 자신이 가진 능력을 인식하도록 만드는 것이 중요하다고 생각합니다. 상담자로서 제가 해야 할 일은 내담자에게 무언가를 가르치거나 조언하는 것이 아니라, 그가 자신의 능력을 깨닫도록 만드는 것입니다. 이런 일은 사려 깊고 온화한 방식으로 이루어질 수 있습니다. 그러나 내담자가 현실에 눈을 뜨고 익숙한 생활 방식에서 벗어나게 하기 위해, 이따금 그를 문제와 대면시키고 이끄는 일도 필요합니다.

심리 상담이나 영성 상담은 하나의 여정입니다. 이러한 상담은 신속한 치유의 과정이 아니라, 차근차근 진행되는 치유의 과정이 필요하지요. 상담자는 내담자가 자기 자신을 신뢰하는 것을 배울 수 있도록, 또한 치유의 과정을 신뢰할 수 있도록 이끌어야 합니다.

궁극적으로 치유를 가져오는 것은 언제나 상담자와 내담자의 믿음이라 할 수 있습니다. 저는 상담자로서 내담자가 자기 자신과 자신의 치유를 믿도록 이끌 책임이 있습니다. 내담자는 상담자가 자신의 치유를 믿는지, 아니면 가망이 없다고 여기는지 금방 알아차립니다. 상담자의 믿음은 내담자가 자기 자신을 믿는 데 도움을 줍니다. 그렇지만 상담자의 믿음이 내담자의 믿음을 대체할 수는 없습니다. 내담자도 자기 자신을 믿고, 하느님이 자신에게 치유의 기적을 베푸실 거라고 믿는 마음가짐을 지녀야 합니다.

자신이 치유되리라고 믿는 마음가짐이 없다면, 치유는 일어나지 않습니다. 이 점은 예수님도 몸소 체험하셨습니다. 당신의 고향 나자렛에서 거절당하셨을 때 예수님은 그곳에서 아무런 기적도 행하실 수 없었습니다. 이에 예수님도 놀라셨지요. "그들이 믿지 않는 것에 놀라셨다." (마르 6,6)

상담자들뿐만 아니라, 예수님의 치유 이야기를 묵상하는 사람이라면 누구나 이야기가 지닌 치유 효과를 체험할 수 있습니다. 그러려면 먼저 치유 이야기를 자신의 이야기로 받아들여, 자신이 어느 면에서 마비되고 눈멀었으며, 악령이 들고 분열된 모습을 보이는지, 왜 귀먹고 말을 더듬게 되었는지, 자신이 가족 구성원들 간의 어떤 복잡한 문제에 얽매여 있는지 스스로 점검해야 합니다.

둘째로, 자신의 진실을 예수님께 내보임으로써 당시의 병자들처럼 자신의 상처와 더불어 예수님을 만나야 합니다.

셋째로, 예수님을 신뢰해야 합니다. 다시 말해 예수님의 영이 오늘날 자신을 고칠 수 있다는 것을 믿어야 합니다. 또한 예수님과의 만남을 통해 자신의 삶을 새로운 시각으로 바라보는 것을 배우고, 그분의 영으로 가득 차서 하느님이 생각하셨던 자신의 본모습을 되찾을 기운을 얻게 된다는 것 또한 믿어야 합니다.

우리는 예수님과의 만남을 통해 자기 자신을 인식할 뿐만 아니라, 하느님이 우리에게 선사하셨던 내적인 근원을 인식해야 합니다. 하느님은 이미 우리에게 자기 치유력과, 능력과 재능, 힘과 희망의 근원을 주셨기 때문이지요.

맺음말

예수님의 말씀을 온전히 체험하는 시간

우리 그리스도인은 예수님이 하느님의 아드님이시며, 하느님은 그분을 통해 당신을 우리에게 알려 주셨다고 믿습니다. 카를 라너는 예수님을 '하느님의 절대적인 자기 통지通知'라고 표현했지요. 또한 예수님은 우리를 죄와 잘못에서 구원하셨으며, 죽을 운명을 지닌 우리의 허약한 본성을 당신의 생명으로 채워 주시고, 그로써 우리를 치유해 주신 우리의 구세주십니다.

그러나 예수님은 2천 년 전에 사셨던 사람이기도 합니다. 복음서들이 우리에게 전하는 바와 같이, 그분은 병자들을 고쳐 주셨고, 사람들과 대화를 나누셨으며, 지혜의 길을 제시하셨고, 끊임없이 비유를 들려주셨습니다.

　예수님이 사람들을 만나 그들에게 행하셨던 모든 말씀과 행적을 묵상할 때, 비로소 우리는 예수님을 의사이자 심리 치료사, 은총을 입으신 사목자이자 영성 상담가로 이해할 수 있을 것입니다. 저는 이 책에서 비유들과, 예수님의 몇 가지 말씀들, 치유 이야기들을 다루었습니다. 우리는 이를 읽으며 예수님이 지니신 치유의 지혜와 여러 가지 치유 방법을 만날 수 있었습니다.

　이러한 예수님의 이야기와 말씀을 묵상함으로써, 우리는 그분의 치유 활동과 치유 방법을 새롭게 바라볼 수 있습니다. 그러나 복음사가들이 예수님을 선포했던 것은, 우리가 예수님의 말씀과 행동에 탄복하고, 오늘날 그분과 다시 만남으로써 치유를 체험하도록 하기 위해서만이 아닙니다. 복음사가들은 우리가 예수님처럼 행동하도록 이끌기 위해 예수님을 선포한 것이니까요. 예수님도 당신이 하느님 나라가 가까이 왔음을 선포한 것처럼 제자들을 파견하여 선포하도록 하셨습니다.

　예수님의 제자로서 우리도 그분처럼 치유되어야 합니다. 예수님은 이렇게 말씀하시며 당신의 제자들을 파견하셨습니다. "가서 '하늘나라가 가까이 왔다.' 하고 선포하여라. 앓는 이들을 고쳐 주

고 죽은 이들을 일으켜 주어라. 나병 환자들을 깨끗하게 해 주고 마귀들을 쫓아내어라."(마태 10,7-8)

마태오 복음서에서는 제자들의 치유 활동보다 하늘나라의 선포를 더 중요시합니다. 치유 활동은 제자들이 하는 설교 활동의 한 종류일 뿐이었지만, 치유 활동이 없었다면 그들의 설교는 충분하지 않게 느껴졌을 것입니다. 그리고 그러한 설교는 예수님이 바라신 것이 아니었을 테지요. 루카 복음서에서는 치유 활동이 먼저 오고, 그다음에 하늘나라의 선포가 뒤따릅니다. "그곳 병자들을 고쳐 주며, '하느님의 나라가 여러분에게 가까이 왔습니다.' 하고 말하여라."(루카 10,9)

제자들은 병자들을 치유해야 했습니다. 그리고 병자들을 치유함으로써 이룩한 바를 설명해 주었습니다. 제자들은, 하느님이 우리를 다스리시기 시작할 것이고, 그때에 우리는 치유되며 온전해지고 건강해진다는 것을 선포했습니다.

다시 말해 병자들의 치유를 통해 하느님 나라가 우리에게 가까이 왔다는 것을 말씀하신 것입니다. 우리가 오늘날 의사나 심리 치료사, 또는 사목자로서 사람들을 치유할 때 하느님 나라가 가까이 올 것이며, 예수님이 설교 중에 끊임없이 선포하셨던 일이 일어날 것입니다.

아울러 저는 이 책에서 예수님 시대의 치유가 오늘날 심리 상담이나 영성 상담에서 어떤 모습으로 이루어지는지 설명하고자 했습니다. 우리는 예수님의 여러 가지 치유 방법, 곧 그분이 병자들을 만나고 치유하신 방식과, 사람들에게 말씀하신 방식을 살펴보았습니다.

저는 이 책을 독자들이 예수님이 지니신 치유의 지혜에 탄복하게 만들기 위해 쓴 것만은 아닙니다. 예수님은 오순절에 당신의 영을 우리에게 보내 주셨으며 그 후로도 끊임없이 보내 주고 계십니다. 그러한 그분의 영으로 가득 찬 우리가 오늘날 그분이 모범을 보이셨던 대로 사람들을 돌보도록 이끄는 것이 사실 이 책을 쓴 주된 목적이지요. 우리가 그렇게 변화할 때 예수님이 당신 제자들에게 기대하셨던 일이 일어날 것입니다. 즉, 병자들은 건강해지고, 죽은 이들은 살아나며, 나병 환자들은 깨끗해지고, 마귀들은 쫓겨나게 될 것입니다.

이런 이야기가 너무 어렵게 들릴 수도 있지만, 심리 치료사나 사목자라면 누구나 한 번쯤은 내적으로 경직되어 있던 사람들이 마음의 문을 열고 새로운 삶을 위해 일어선 것을 보았을 것입니다. 또한 성경에 나오는 치유받은 나병 환자들처럼, 이전에는 자기 자신을 좋아하지 못했던 사람들이 자신과 하나

되는 것도 보았을 것입니다.

그들은 자신이 깨끗하고 건강해졌음을 느꼈고, 있는 그대로의 모습대로 살고자 했습니다. 또한 마귀들이 나감으로써, 그들을 지배했던 신경증적인 생활 태도가 점차 사라지고, 자기 자신을 올바로 볼 수 있게 되었습니다. 그들은 자신의 병든 영성으로 인해 때때로 자신에게 부과했던 내적인 강박들과, 이제껏 자신을 노예로 만들었던 마음속 재판관에게서 해방되었습니다.

심리 상담이나 영성 상담을 통해 예수님의 뜻에 따라 다른 이를 돌보는 일을 하려는 사람은 누구나, 예수님의 치유 방법에서 많은 가르침을 얻을 수 있습니다. "나는 예수님이 아니야. 나는 그분을 따라 할 수 없어."라고 이의를 제기하는 사람이 있을지도 모릅니다. 상담자가 무작정 예수님을 모방하려 한다면, 그것은 강요가 될 수 있으므로 오히려 상담에 해가 될 수도 있지요. 그러나 상담자는 예수님이 당신의 영을 주셨다는 사실을 굳게 믿어야 합니다. 요한 복음서에 따르면, 예수님은 제자들에게도 당신의 영을 불어넣어 주셨습니다(요한 20,22 참조).

상담자는 예수님의 말씀과, 그분이 사람들을 만나시고 그들을 탄복시키신 방식과, 그분이 병자들의 일에 관여하시고 여러 단계에 걸쳐 그들을 치유하신 방식에서 예수님의 영을 만납니다.

복음서에 등장하는 치유 이야기에 나온 일들은 상담자에게도 일어날 수 있는 일들입니다. 물론 오늘날에는 그 일들이 자생적 치유의 형태로 일어나는 경우는 매우 드물고, 거의 대부분은 오랜 과정에 걸쳐 일어납니다. 따라서 우리는 내담자를 치료하는 과정에서 예수님이 시범을 보이셨던 단계들을 본받을 수 있습니다.

그러나 사실 상담자는 예수님을 모방해야 할 이유도 없고, 그분의 멋진 비유나 말씀처럼 새로운 이야기를 만들어 사람들에게 들려줄 필요도 없습니다. 대신 상담자에게는 치유력이 깃든 예수님의 비유와 말씀이 있기 때문이지요. 예수님은 비유를 몸소 당신의 치유력으로 채우셨습니다. 상담자는 이 비유를 도구로 이용할 수 있습니다. 예수님의 비유와 말씀을 올바로 이해하고 해석하는 일은 전적으로 상담자에게 달려 있습니다. 상담자는 올바른 이해와 해석이 이루어진 후에야 내담자들에게 예수님의 비유와 말씀을 들려줄 수 있으며, 내담자들은 자신의 구체적인 문제와 관련하여 그분의 비유와 말씀에 관심을 기울일 것입니다.

내담자들이 자신의 두려움이나 완벽주의, 과민함, 자기 비하의 성향과 관련하여 예수님의 말씀을 묵상하고 일주일 내내 그분의 비유를 마음에 새긴다면, 예수님이 말씀과 이야기를 통해 청중의 마음에 불러일으키셨던 변화가 그들에게도 일어날 것입니다. 나아가 자신의 삶을 새로운 시각으로 보게 될 것이고, 그렇게 될 때 그들은 자신의 삶을 다른 방식으로 새롭게 체험하게 될 것입니다.

또 예수님의 말씀을, 우리를 다른 차원으로 끌어 줄 메시지로 삼는다면, 내담자를 치료하는 일에 이용할 수 있고, 내담자가 가진 문제를 푸는 데에도 답을 줄 것입니다. 이때 내담자가 예수님의 말씀을 숙고만 한다면 별 도움이 되지 않습니다. 그보다는 내담자가 예수님의 말씀을 메시지로 삼고, 그분의 말씀이 자신을 다른 차원으로 이끌 때까지 그 말씀을 되새겨야 합니다. 수도승들은 이를 '되새김질'이라고 일컬었습니다. 예수님의 말씀은 그를 영성적 체험의 차원으로 이끌 것입니다. 다시 말해 그가 질병이나 신경증적인 행동 방식에 좌우되는 것이 아니라, 하느님 나라가 있는 자기 마음속 '고요함의 공간'으로 들어가, 자신의 가장 깊숙한 본질을 만나도록 그를 이끌 것입니다.

하느님 나라가 있는 자기 내면의 공간에서 우리는 과거의 행동 방식으로부터 해방되며, 사람들의 기대와 평가에서도 자유로워집니다. 그곳에서 우리는 하느님이 만들어 주신 본연의 순수한 모습을 인식할 수 있고, 온전하고 건강해집니다. 질병이나 타인의 모욕 등은 우리의 가장 깊숙한 본질을 건드릴 수 없지요. 하느님이 지으신, 세상에 유일한 자신의 모습을 깨닫게 될 때, 우리의 삶은 막힘없이 흐르고 꽃이 피며, 열매를 맺기 시작할 것입니다.

이러한 본래적인 모습은, 우리 안에서 샘솟아 우리에게 새로운 힘을 주는 샘터와 같습니다. 하느님 나라가 존재하는 내면의 공간에서 우리는 순수하고 깨끗해집니다. 그곳에는 어떠한 죄도 들어올 수 없기 때문입니다.

예수님은 죄와 관련해서 사람들에게 계속 말을 거신 것이 아니라, 죄에 물들지 않은 그들의 본질을 일깨우셨습니다. 예수님은 죄가 아니라 하느님이 다스리시는 내적인 영역을 사람들이 깨닫기를 기대하셨습니다. 사람의 내면에 있는 공간, 하느님이 신비로서 거처하시는 바로 그곳에서, 사람들은 온전한 자기 자신으로 편안하게 머무를 수 있습니다. 그곳에서 사람들은 본향을 체험하며, 자신의 내적인 중심을 느끼게 되지요.

그리고 그들은 이러한 중심이자, 내적인 본향에서 힘을 얻어 새로운 방식으로 살게 되며, 예수님이 고쳐 주셨던 병자들처럼 새로운 삶을 위해 일어설 수 있습니다.

저는 성경 자체가 치유에 관한 책이라고 확신합니다. 우리가 예수님의 말씀을 묵상할 때, 그 말씀은 우리에게 새로운 시각을 선물합니다. 또한 예수님의 비유에 관심을 기울일 때, 자기 자신과 하느님에 관한 우리의 생각이 바뀝니다. 그럴 때 우리 안에서 내적인 치유의 과정이 시작되는 것이지요.

하느님 앞에서 자기 자신과 자신의 삶을 새로운 시각으로 바라봄으로써, 우리는 죄와 고통, 실패 등 우리를 자주 괴롭히는 삶의 문제들을 전보다 어렵지 않게 대할 수 있습니다. 마음에 있던 두려움과 시기, 질투와 같은 감정도 서서히 변할 것입니다. 이처럼 치유 이야기를 묵상할 때 우리 안의 무언가가 변화하기 시작합니다.

신앙인인 우리는 성경을 읽을거리로만 대하지 않고, 성경이 이야기하는 바를 미사 때 거행합니다. 그러면 미사 중에 성경 속에서 예수님과 병자들에게 일어났던 일이 오늘날 우리에게도 일어나는 것을 느낄 수 있지요. 따라서 치유 이야기에 나오는 마비된 사람과 눈먼 사람, 귀먹은 사람, 지치고 좌절한 사람들이 그랬던 것처럼, 우리도 영성체를 통해 예수님께 나아가야 합니다. 그리하여 우리는 그분의 말씀을 빵과 포도주의 형상으로 우리 안에 받아 모시고, 그 말씀과 하나가 될 수 있습니다.

마침내 우리는 성체를 받아 모시면서, "일어나 들것을 들고 집으로 돌아가거라."(마르 2,11) 하시고, "딸아, 네 믿음이 너를 구원하였다. 평안히 가거라. 그리고 병에서 벗어나 건강해져라."(마르 5,34)라고 하신 예수님의 말씀을 실제로 체험하게 됩니다.

참고 문헌

- Otto Betz, *Das Geheimnis der Zahlen*, Stuttgart, 1989.
- Eugen Drewermann, *Tiefenpsychologie und Exegese*, Band 2, Oltern, 1985.
- Albert Gürres, *Das Böse*, Freiburg im Breisgau, 1984.
- Anselm Grün, *Tiefenpsychologische Schriftauslegung*, Münsterschwarzacher Kleinschriften, Band 68. 2005.
- Carl Gustav Jung, *Gesammelte Werke*, Band 8, Oltern, 1964.
- Carl Gustav Jung, *Erinnerungen, Träume, Gedanken*, Oltern, 1971.
- Bonifaz Miller(Hrsg.), *Apophthegmata Patrum. Weisung der Väter*, Trier 4. Aufl. 1998.
- John A. Sanford, *Alles Leben ist innerlich. Meditationen über Worte Jesu*, Oltern, 1974.

성경 구절 색인

마태오 복음서

마태 5,25-26	129
마태 5,29-30	131
마태 7,13-14	124-125
마태 8,5-13	222-225
마태 8,13	223
마태 10,7-8	262-263
마태 13,1-9	77-79
마태 13,8	78
마태 13,24-30	56-60
마태 13,26-28	57
마태 13,29-30	57-58
마태 13,33	80-83
마태 13,44-46	99-104
마태 16,24-25	137
마태 20,1-16	45-50
마태 20,12	47
마태 20,13-15	48
마태 22,1-10	70-76
마태 25,1-13	70-76
마태 25,14-30	39-44
마태 25,24-25	40
마태 25,26-28	41

마르코 복음서

마르 1,21-28	226-232
마르 1,22	227

마르 1,23-24	227	마르 5,34	247, 270
마르 1,25	229	마르 5,36	239
마르 1,26	229	마르 5,41	245
마르 1,29-31	166-168	마르 6,6	259
마르 1,31	167	마르 7,15	147-149
마르 1,40	182	마르 7,19	147
마르 1,40-45	182-187	마르 7,24-30	238
마르 1,41	185	마르 7,28	242
마르 2,1-12	205-208	마르 7,30	248
마르 2,11	207, 256, 270	마르 7,31-37	208-216
마르 2,27	144-145	마르 7,34	214
마르 3,1-6	168-171	마르 7,35	215
마르 3,3	168	마르 8,22-26	216-221
마르 3,4	169	마르 8,23	217, 219
마르 3,5	169, 170	마르 8,24	219
마르 4,22	145-147	마르 8,26	221
마르 4,33-34	114	마르 9,14-29	238, 248-249
마르 5,1-20	193-198	마르 9,23-24	240
마르 5,7	193	마르 9,26	249
마르 5,9	194	마르 10,25	119-120
마르 5,13	195	마르 10,27	120
마르 5,15	197	마르 10,31	117-119
마르 5,19	197	마르 10,46-52	198-203
마르 5,21-43	238	마르 10,47	199

마르 10,49-50	199	루카 12,51	135-137
마르 10,51	200, 201	루카 13,6-9	65-69
마르 10,52	202	루카 13,7	66
마르 11,23	122-124	루카 13,8-9	67
		루카 13,10-17	171-176
		루카 13,12	172
루카 복음서		루카 13,20-21	80-83
		루카 13,25	127
루카 4,38-39	166-168	루카 14,1-6	171-176
루카 4,39	168	루카 14,4	174
루카 5,17-26	205-208	루카 14,21	74
루카 7,1-10	222-225	루카 14,15-24	70-76
루카 7,3	222	루카 14,23	75
루카 7,4-5	222	루카 14,28	62
루카 7,6-7	223	루카 14,28-30	61-64
루카 7,8	222	루카 14,31-32	51-55
루카 7,11-17	238	루카 15,8-10	92-98
루카 7,13	243	루카 15,9	95
루카 7,14	245	루카 15,11-32	84-91
루카 7,15	250	루카 15,18-19	87
루카 9,60	115-117	루카 15,23-24	88
루카 10,9	263	루카 15,31-32	90
루카 11,41	148	루카 16,1-8	27-32
루카 12,34	149-150	루카 16,3	29

루카 16,3-4	30		요한 12,32	139
루카 16,8	31		요한 15,3	236
루카 16,10	151-153		요한 20,22	265
루카 17,7-10	192			
루카 17,11-19	187-193			
루카 17,13	188			
루카 17,14	188			
루카 17,19	190			
루카 17,21	35			
루카 18,1-8	33-38			
루카 18,4-5	34			
루카 19,11-27	39-44			

요한 복음서

요한 4,43-54	222-225
요한 5,1-6	176-181
요한 5,1-18	207
요한 5,6	178
요한 5,8	180
요한 9,1-12	232-237
요한 9,2-3	232
요한 9,6-7	234